Armin Roßmeier

Lust auf Mehlspeisen

Südwest

Inhalt

6	**Das süße Erbe Wiens**
7	Backzutaten
14	**Apfelstrudel & Co.**
16	Strudelteig (Grundrezept)
16	Apfelstrudel
17	Himbeerstrudel
18	Erdbeerstrudel
19	Rhabarberstrudel
20	Honigstrudel
22	Waldbeerenstrudel
22	Zwetschenstrudel
24	Milchrahmstrudel
25	Heidelbeerstrudel
26	Weintraubenstrudel
28	Pfirsichstrudel
28	Schokoladenstrudel

Kaum zu übertreffen: Salzburger Nockerl

Ein Strudel in Perfektion – gefüllt mit Pfirsichen und einem Schuss Cointreau

30	**Warme Süßspeisen**
32	Buchteln mit Kirschsauce
33	Rohrnudeln
34	Dampfnudeln
36	Germknödel mit Mohn
37	Salzburger Nockerl
38	Marillenknödel
38	Zwetschenknödel
40	Topfenpalatschinken
41	Orangenomelett
42	Eierpfannkuchen mit Preiselbeeren
42	Fruchtkompott
43	Powidltascherl
44	Kaiseromelett
46	Kirschschmarrn
46	Kaiserschmarrn
48	Böhmische Kreppchen
48	Topfenauflauf
50	Walnusspudding
50	Mohr im Hemd
52	Scheiterhaufen mit Äpfeln
54	Dörrobsttaschen
55	Zwetschenpavesen
56	Nudelauflauf mit Quark und Aprikosen
56	Grießauflauf mit Früchten
58	Nussauflauf
59	Reisauflauf mit Kirschen

Inhalt

60 Schmalzgebäck

62 Schürzkuchen
63 Gebackene Schupfnudeln
64 Böhmische Rumkringel
66 Schneebälle
67 Schmalzbrezeln in Zimtzucker
68 Gebackene Apfelkrapfen
68 Spritzkuchen
70 Weinbrandkissen
70 Rosinenkrapfen
72 Faschingskrapfen
73 Ausgezogene Hefekrapfen

Eine zarte Schaummasse aus Marzipan krönt den köstlichen Birnenkuchen

85 Butterkuchen
86 Birnenkuchen
88 Rotweinkuchen
88 Weintraubenkuchen
90 Gewürzkuchen
91 Königskuchen
92 Dreiblattkuchen

93 Rezeptregister
94 Über dieses Buch

Beliebt bei Jung und Alt: Goldgelbe Rosinenkrapfen

74 Kuchen und Gebäck

76 Hefegugelhupf
77 Nusskuchen
78 Streuselkuchen mit Kirschen
80 Aprikosenkuchen
80 Mohnkuchen
82 Zitronensandkuchen
83 Gitterapfelkuchen
84 Möhrenkuchen

Streuselkuchen mit Kirschen – ein Klassiker für Schleckermäuler

Das süße Erbe Wiens

Mehlspeisen wandelten sich im Lauf der Geschichte vom günstigen »Armeleuteessen« zur raffiniertesten Delikatesse der österreichischen Küche.

Die einen schätzen sie als Dessert, andere wiederum verzehren sie als Hauptgericht: Von Mehlspeisen ist die Rede. Ihren Ursprung haben die traditionellen Süßspeisen in der Küche Österreichs, der einstigen k. u. k. Monarchie, deren Vielfalt durch die Verschmelzung verschiedener Kulturen und Länder wie Ungarn, Böhmen, der Slowakei, aber auch durch Frankreich und Italien geprägt wurde. Mehlspeisen waren in früheren Zeiten bäuerliche Gerichte und herzhafte Fastenspeisen. Man musste sich die fleischlose Zeit wenigstens versüßen.

Nicht nur was Mehlspeisen betrifft, hat Österreich seither einen internationalen Status. Viele andere Länder kochen die süßen Gerichte original nach oder passen sie in den Geschmacksrichtungen ihren nationalen Zutaten an.

Neben traditionellen Originalrezepten sind in den letzten Jahren eine Reihe von Mehlspeisen entstanden, die sich durch neue Geschmacksrichtungen auszeichnen. Der Trend geht, der Gesundheit wegen, hin zu Lockerem und Leichtem. Das wird in diesem Buch auch berücksichtigt.

Saftige Strudel, Schmalzgebäck, süße Aufläufe, luftige Omeletts und gekochte Puddinge (österreichisch: Dunstkoch) sowie verschiedene Kuchen vom Blech, in Kasten- oder Gugelhupfform zeigen die große Vielfalt der Mehlspeisenküche.

Für ihr gutes Gelingen ist eine sorgfältige Auswahl feinster Zutaten nötig. Achten Sie deshalb beim Kauf auf Frische und Qualität. Damit Ihnen auch Ihre ersten Mehlspeisen auf Anhieb glücken, finden Sie in diesem Buch eine Reihe hilfreicher Tipps.

Einen Grund, Mehlspeisen auf den Tisch zu bringen, gibt es eigentlich immer. Ob als Hauptspeise, als Dessert oder zum Kaffee – Sie können mit diesen selbst gemachten Leckerbissen Ihre Familie oder Freunde immer verführen.

Ihr Armin Roßmeier

Alles, was man braucht

Backzutaten

Mehl – ohne das geht's nicht

Mehl ist nicht gleich Mehl. Mehl ist der fein gemahlene Inhalt verschiedener Arten von Getreidekörnern. Es wird außerdem in unterschiedlichen Ausmahlungsgraden angeboten. Je höher das Mehl ausgemahlen ist, also je mehr Außenschichten mitverarbeitet wurden, desto dunkler ist es und zugleich vitamin-, mineral- und ballaststoffreicher, aber auch schwerer. Wird das gesamte Korn mit allen Randschichten vermahlen, beträgt der Ausmahlungsgrad 100 Prozent. Je geringer der Schalenanteil im Mehl ist, desto niedriger ist der Ausmahlungsgrad. Das gebräuchlichste Weizenmehl hat die Typenbezeichnung 405 und ist ein weißes, fein gemahlenes Mehl mit einem hohen Stärkegehalt. Es eignet sich besonders gut für Strudelteig, leichte Biskuitmassen und feinporige Rührteige. Griffiges Mehl dagegen ist grobkörniger und wird vorwiegend zur Herstellung von Knödeln verwendet oder für flaches Gewürzgebäck.

Wenn Sie wollen, können Sie das weiße Auszugsmehl immer durch höher ausgemahlenes Mehl ersetzen. Bei Mehl der Type 1050 ändert sich an den Rezepten und der Zubereitung nichts. Wenn Sie dagegen reines Vollkornmehl verwenden, müssen Sie an die Teige etwas mehr Flüssigkeit geben. Darüber hinaus sollte der Teig etwas länger ruhen, damit das Korn besser quellen kann. Backwaren aus Vollkornmehl werden auch nicht ganz so geschmeidig und haben ein geringeres Volumen, d. h., die Teige gehen nicht so stark auf wie mit hellem Mehl zubereitete Teige. Strudelteig aus dem vollen Korn lässt sich dann beispielsweise nicht so dünn ausrollen wie der aus weißem Mehl.

Die Speisestärke

Speisestärke ist ein isoliertes Produkt, das aus Weizen, Mais, Kartoffeln oder Reis gewonnen werden kann. Es besteht vorwiegend aus Kohlenhydraten. Eiweiß, Fett, Ballaststoffe, Vitamine und Mineralstoffe wurden bei der Herstellung entfernt.

Zum Backen eignet sich Weizenstärke am besten, gefolgt von Maisstärke, die am meisten in der Lebensmittelindustrie verwendet und überall im Handel angeboten wird. Die Speisestärke wird gern für Rührteige, Biskuit-, Omelett- und Baisermassen verwendet, eben überall da, wo man besonders luftige und leichte Teige benötigt und wo das Mehl mit seiner elastischen Fähigkeit, die die Teige leicht zäh macht, nicht so gefragt ist. Bei diesen Teigen wird ein Teil des Mehls durch Speisestärke ersetzt. Je höher zum Beispiel bei einer Biskuitmasse der Stärkeanteil ist, umso zarter und leichter wird das Ergebnis.

Zucker, ein süßer Kristall

In der süßen Küche dürfen natürlich Zucker und Honig nicht fehlen. Zucker ist ein natür-

> Weizenmehl wird mit der Typenbezeichnung 405 oder 1050 verkauft. Diese Zahlen bezeichnen den Mineralstoffgehalt des Mehls, der wie folgt ermittelt wird: Man verbrennt das getrocknete Mehl. Übrig bleiben die nicht brennbaren Mineralstoffe. Je geringer die Typenzahl also, desto niedriger auch der Mineralstoffgehalt.

Frischetest:
Legen Sie das Ei in ein Glas Wasser. Sinkt das Ei zu Boden und bleibt dort liegen, ist es frisch. Nimmt das Ei eine leichte Schräglage ein, ist das Ei ca. sieben bis acht Tage alt. Steigt es nach oben, sollte es nur noch hart gekocht oder durcherhitzt verzehrt werden.

liches Lebensmittel, das den Gebäcken die erforderliche Süße verleiht, den Nährwert erhöht, den Geschmack verbessert und für die gewünschte Bräunung bei Gebackenem sorgt. Durch seinen neutralen Geschmack beeinflusst Zucker das Aroma der anderen Zutaten nicht. Zucker beschleunigt den Gärvorgang, bei Hefeteigen – insbesondere beim Vorteig. Er hilft, das Backgut länger frisch zu halten, und natürlich wird er auch zur Dekoration verwendet, hier vorwiegend als Puderzucker oder als Glasur.

Zucker wird aus Zuckerrüben bzw. Zuckerrohr gewonnen. Im Verlauf des mehrstufigen Gewinnungsverfahrens fällt der braune Rohzucker an. Dieser wird getrocknet und nach erneutem Auflösen noch einmal gefiltert und kristallisiert. Das Ergebnis ist eine Raffinade von besonders hoher Reinheit, aber auch frei von Vitaminen, Mineral-, Ballast- und sonstigen Biostoffen.

Honig

Der Honig zählt zu den wenigen echten Naturprodukten.

Er besteht bis zu 80 Prozent aus Zucker, sein Wasseranteil darf 21 Prozent nicht überschreiten. Es ist gesetzlich verboten, ihm Inhaltsstoffe zu entziehen oder Stoffe zuzusetzen. Honig wird nach dem Sammelgut der Bienen eingeteilt sowie nach der Art der Gewinnung und nach seiner Qualität. Kristallisiert Honig aus, bedeutet dies keinen Qualitätsverlust. Um Honig wieder flüssig zu bekommen, muss man ihn einfach in ein warmes – nicht über 40 °C – Wasserbad stellen. Bekannte Honigsorten sind Akazienhonig, Blütenhonig, Heidehonig, Lavendelhonig und Tannenhonig. Kunsthonig, auch als Invertzuckercreme bekannt, wird industriell aus Zucker hergestellt.

Eier

Das Hühnerei gehört zu den hochwertigsten, nährstoffreichsten und zugleich kostengünstigen Nahrungsmitteln. Es hat die höchste biologische Eiweißqualität aller natürlichen Lebensmittel und liefert alle lebenswichtigen Stoffe, die der Körper zum Leben benötigt: Proteine (Eiweiß), Fett, Kohlenhydrate, Mineralstoffe, Spurenelemente und Vitamine. Für den Zweck des Backens hat das Ei weitere hervorragende Eigenschaften: Eigelb und Eiweiß lassen sich leicht trennen, Eigelb emulgiert (bindet), Eiweiß kann Schaum bilden und dadurch Lockerung bewirken.

Gewichtsklassen

Eier sind in verschiedenen Gewichtsklassen erhältlich (S, M, L, XL) und müssen u. a. mit dem Mindesthaltbarkeitsdatum gekennzeichnet werden. Dadurch wird die Frische und einwandfreie Qualität der Eier gewährleistet. Die gesetzliche Mindesthaltbarkeit von Eiern beträgt 28 Tage nach dem Legen, sofern Eier nicht starken Temperaturschwankungen unterworfen werden. Das Mindesthaltbarkeitsdatum ist kein Verfallsdatum. Der Verbraucherhinweis besagt, dass die Eier gekühlt aufbewahrt werden sollen und nach Ablauf des Mindesthaltbarkeitsdatums durcherhitzt werden, d. h. zum Kochen und Backen verwendet werden müssen. Aus Gründen der Vorsicht sollten Eier schon ab dem 18. Tag nach dem Legedatum gut durcherhitzt und nicht mehr roh verzehrt werden.

Lagerung

Eier lagert man am besten kühl und trocken. Die spitze Seite der Eier sollte nach unten schauen, dadurch wird auf die Luftkammer kein Druck ausgeübt, und der Eidotter kann sich nicht verlagern. Außerdem sollten Eier möglichst getrennt von anderen Lebensmitteln, vor allem stark riechenden, gelagert werden, da Eier leicht Gerüche annehmen.

Milch und ihre Verwandten

Milch ist ein hochwertiges Lebensmittel und enthält fast alle Nährstoffe, die der Mensch zum Leben braucht. Neben gut verwertbarem Eiweiß liefert sie Kohlenhydrate in Form von Milchzucker und Milchfett, das leicht verdaulich und somit sehr bekömmlich ist. Milch schmeckt nicht nur als Getränk pur, sondern auch mit Kakao oder gemixt mit Früchten. Milch und Milchprodukte sind wesentliche Bestandteile in der Mehlspeisenküche. Ob in Pfannkuchen oder in der Vanillesauce, dem idealen Partner zu allerlei Süßem. Zu den Milchfrischprodukten zählen alle Produkte, die aus Milch hergestellt werden: Quark, Buttermilch, Joghurt, Kefir, Dickmilch, körniger Frischkäse und Schichtkäse. Sauermilchprodukte wie Joghurt, Kefir und Sauerrahm entstehen durch Zusatz von Milchsäurekulturen zur Milch, die für den säuerlichen Geschmack sorgen und die Verdauung positiv beeinflussen.

Buttermilch ist ein Nebenprodukt bei der Butterherstellung. Sie ist eiweißreich, äußerst fettarm und reich an Kalzium und Lezithin. Aus dem Rahm, der in der Molkerei bei der Herstellung von Magermilch gewonnen wird, entstehen viele Sahneerzeugnisse. Je höher der Fettgehalt, desto cremiger schmeckt das Produkt. Zu der Gruppe der Frischkäse werden u. a. Speisequark, Schichtkäse oder körniger Frischkäse gezählt. Diese Produkte werden ebenfalls mit Kulturen gesäuert und anschließend dick gelegt. Dadurch erhalten sie ihre Festigkeit und den leicht säuerlichen und cremigen Geschmack.

> Beim Aufschlagen eines frischen Eis ist das Eigelb kugelig fest und hochgewölbt, das zähflüssige Eiweiß grenzt sich deutlich davon ab. Bei einem alten Ei ist der Dotter flach und das Eiweiß dünnflüssig.

Das süße Erbe Wiens

Butter, das edelste Fett

Butter ist eines der edelsten Fette, die dem Menschen zur Verfügung stehen. In Butter sind lebenswichtige Fettsäuren enthalten, die der Körper nicht selbst produzieren kann. Sie ist reich an den Vitaminen A, D und E, die für unsere Sehkraft von höchster Wichtigkeit sind, aber auch für Haut und alle Abwehrkräfte des Körpers. An Mineralstoffen sind vor allem Kalzium und Phosphor enthalten, die wichtigsten Bausteine für Knochen und Zähne. Butter ist das klassische Backfett für Plätzchen und Kuchen und kann für nahezu alle Teige verwendet werden. Butter wird aus Rahm, dem Fett der Milch hergestellt. Beim kräftigen Schlagen des Rahms ballen sich die Milchfettkügelchen zu Butterkörnchen zusammen, die dann zu Butter geknetet werden. In einer amtlichen Qualitätsprüfung lassen die Molkereien Aussehen, Geschmack, Textur, Geruch, Wasserverteilung und Streichfähigkeit ihrer Butter bewerten. Man unterscheidet milde Süßrahmbutter, die aus ungesäuertem Rahm entsteht, säuerlich schmeckende Sauerrahmbutter, die durch das Zufügen von Milchsäurebakterien zur Milch entsteht, und mild gesäuerte Butter, die geschmacklich zwischen Süß- und Sauerrahmbutter liegt.

Butterschmalz

Butterschmalz können Sie zum Braten und Frittieren ohne Weiteres verwenden, da es durch seinen hohen Fettgehalt (99,8 Prozent) auf höhere Temperaturen erhitzt werden kann. Zur Herstellung von Butterschmalz wird Butter bei Temperaturen zwischen 40 und 50 °C geschmolzen und dann mit hoher Geschwindigkeit geschleudert. Dabei werden das noch in der Butter enthaltene Wasser, das Milcheiweiß und der Milchzucker abgetrennt. Übrig bleibt das flüssige, geklärte Butterfett. Nach dem Abkühlen wird das Butterschmalz mit Luft aufgeschlagen, so dass es weich und geschmeidig wird.

Butterschmalz besitzt aufgrund seines Ausgangsstoffs Butter einen buttrigen Geschmack. Butterschmalz ist zum Backen ergiebiger als andere Backfette. Butterschmalz eignet sich hervorragend zum Frittieren, da es durch seinen geringen Wassergehalt nicht spritzt und hoch erhitzbar ist, ohne dass sich schädliche Stoffe bilden können. Nach Gebrauch sollte das verwendete Butterschmalz noch heiß durch einen speziellen Fettfilter gegossen werden. Für alle Teigarten (außer Mürbeteig) sollten Sie immer zimmerwarmes Butterschmalz verwenden – so verbindet es sich leicht mit den restlichen Zutaten und lässt sich problemlos verrühren und verkneten.

Butter besteht zu 82 Prozent aus Fett und enthält ca. 16 Prozent Wasser. Durch den relativ hohen Wassergehalt ist Butter bestens zum Backen geeignet, weil dabei natürlicher Dampf erzeugt wird, der das Gebäck besonders lockert.

Lockerungs- und Backtriebmittel

Viele süße Backrezepte benötigen Triebmittel, die den Teig lockern und bewirken, dass er aufgeht. Alle Triebmittel haben gemeinsam, dass sie während des Gehens bzw. des Backvorgangs Kohlendioxid bilden und somit Luft in den Teig bringen.

Die Hefe

Backhefe ist ein natürliches Triebmittel, d. h. ein Verbund von Kleinstlebewesen, nämlich Mikroorganismen, genannt Hefepilze. Unter günstigen Bedingungen wie Wärme, Feuchtigkeit und Zucker fangen sie sofort an zu arbeiten, indem sie sich schnell vermehren. Dabei bilden sie Kohlendioxid und Alkohol, was die Teiglockerung bewirkt. Allerdings benötigen die Hefepilze zur Vermehrung sehr viel Luft, die durch Kneten und Schlagen in den Teig gelangt. Es bilden sich zahllose kleine gasgefüllte Bläschen – der Teig geht auf! Durch diesen Prozess erhält das Gebäck seinen typischen Hefegeschmack.

Hefe wird frisch gepresst oder getrocknet angeboten. Frische Hefe erkennt man an ihrer gelblichen bis hellgrauen Farbe und ihrer geschmeidigen Konsistenz. Sie sollte nur eine Woche im Kühlschrank im Gemüsefach aufbewahrt werden. Zeigt die Hefe Risse und ist sie dunkel verfärbt an der Oberfläche, sollte sie nicht mehr zum Backen verwendet werden, da sie ihre Triebkraft stark eingebüßt hat.

Das Backpulver

Backpulver wirkt wie Hefe, nur haben wir es hier nicht mit Mikroorganismen, sondern mit einem synthetisch hergestellten Mittel zu tun. Hauptbestandteil des Backpulvers ist Natriumhydrogencarbonat, das den Teig lockert und aufgehen lässt. Backpulver eignet sich für alle Teige, wird aber vorwiegend bei schweren Teigen eingesetzt, die durch Hefe nicht gelockert werden können. Backpulver darf nicht unmittelbar mit Flüssigkeiten vermischt werden, da seine Triebkraft sonst vorzeitig ausgelöst würde. Weinsteinbackpulver enthält im Gegensatz zu herkömmlichem Backpulver Weinstein, ein Nebenprodukt der Weinherstellung, und bewirkt, dass der Teig schnell aufgeht. Allerdings müssen mit Weinsteinpulver hergestellte Teige sofort gebacken werden, da sonst die lockernde Wirkung verloren geht.

Das Hirschhornsalz

Hirschhornsalz ist ein sehr altes Triebmittel. Es ist nur für bestimmte dünne Gebäcke, z. B. Lebkuchen und flache Honigkuchen vom Blech, geeignet, bei denen beim Backen und Abkühlen der eher unangenehme Ammoniakgeschmack entweichen kann.

Hirschhornsalz soll früher aus Hörnern und Klauen hergestellt worden sein (daher der Name). Heute besteht das weiße Pulver aus Ammoniumhydrogencarbonat, das bei Temperaturen über 60 °C in Kohlensäure, Ammoniak und Wasser zerfällt.

Tipp des Konditors

Zum Abziehen der Haut die Mandeln in einer Schüssel mit so viel kochendem Wasser übergießen, dass sie darin schwimmen. Einige Minuten darin ziehen lassen, abgießen, kalt abschrecken und abtropfen lassen. Die Mandeln am stumpfen Ende fassen und die Haut so nach hinten drücken, dass die Mandelspitze das braune Häutchen durchstößt und herausgleitet.

Nüsse

Mandeln, Haselnüsse, Walnüsse und Pistazien sind feine Zutaten beim Backen und Zubereiten von Mehlspeisen. Gemahlen können sie einen Teil des Mehls ersetzen. Gehackt, gerieben oder blättrig geschnitten sind sie eine aromatische Zutat für zahlreiche Gebäcke, Strudel und andere Nachspeisen. Frisch gerieben oder gehackt schmecken Nüsse besser als abgepackte Ware. Häufig sind bei bereits fertig gemahlenen Nüssen harte Schalenanteile enthalten, die Qualität und Geschmack des Nussmehls negativ beeinflussen.

Etwas anders ist die Situation bei Mandeln. Bereits halbiert, gehackt, blättrig, gestiftelt oder vermahlen erleichtern sie nicht nur die Arbeit beim Backen wesentlich, es sind auch keine Qualitätsverluste festzustellen, vorausgesetzt, man erwirbt entsprechend frische Ware. Selbst Geübte können die Mandeln nie so exakt hacken oder so dünn und gleichmäßig hobeln, wie sie im Handel angeboten werden. Ausnahme sind vielleicht zu vermahlende Mandeln, die in der Mandelmühle mühelos gerieben werden können.

Mandeln und Nüsse müssen bald verbraucht werden, da sie durch ihren Anteil an ungesättigten Fettsäuren schnell ranzig werden und an Aroma verlieren.

Mohn

Die reifen Samenkörner des Mohns werden als Zutat für Teige und Füllungen sowie zum Bestreuen von Gebäcken für zahlreiche Backwaren und Mehlspeisen verwendet. Mohn gibt es in ganzen Samen oder gequetscht für feinere Füllungen. Im Handel ist Mohn auch bereits verarbeitungsfertig mit Zucker vermischt erhältlich.

Rosinen & Co.

Rosinen, Sultaninen und Korinthen sind getrocknete helle oder dunkle Weinbeeren. Während Sultaninen hell und immer kernlos sind, werden Rosinen mit und ohne Kerne gehandelt und zählen zu den dunklen Weinbeeren. Korinthen sind klein, kernlos, fast blauschwarz und sehr dünnschalig. Sie werden aus der Traubensorte Schwarze Korinthe gewonnen, die ihren Namen von der alten griechischen Handelsstadt Korinth entlehnt hat. Das Aroma der Korinthen ist intensiver als das von Rosinen und Sultaninen. Getrocknete Früchte werden häufig geschwefelt, damit sie ihre Farbe behalten und länger haltbar sind.

Für die Zubereitung empfiehlt es sich, die getrockneten Beeren gründlich zu waschen, abzutrocknen und je nach Verwendung einzuweichen. Um das Absinken der Weinbeeren im Kuchen zu vermeiden, sollten diese in Mehl gewendet werden.

Ein Hauch von Exotik

Gewürze

Anis
Anissamen schmecken aromatisch und ausgeprägt süß und werden ganz oder gemahlen verwendet. Dieses auch oft als süßer Kümmel bezeichnete Gewürz findet Anwendung in Back- und Süßspeisen, wie z. B. bei Pfeffernüssen, Honigkuchen und Printen. Apfel- oder Pflaumenmus erhalten mit etwas Anis gewürzt eine besondere Note.

Ingwer
Ingwer wird geschält – in Scheiben geschnitten oder gerieben – für Eintöpfe, Saucen und orientalische Gerichte verwendet. In der süßen Küche findet die gemahlene Ingwerwurzel als Zutat zu Lebkuchen, Kuchen, Keksen und Marmeladen ihre Verwendung.

Muskat und Muskatblüte
Die Früchte des Muskatbaums sind gelblich braun und pfirsichgroß. Bei der Reife platzen die Früchte, und der leuchtend rote Samenmantel, die Macis, wird sichtbar. Dieser umschließt eine harte Hülle, in der die Muskatnuss liegt.
Die Muskatblüte wird getrocknet, in Stücken oder gemahlen angeboten. Sie ist ein ideales Gewürz für Backwaren, vor allem für die Weihnachtsbäckerei, sollte aber sparsam dosiert werden.

Nelken
Die als Gewürznelken bekannten Knospen stammen von dem ostasiatischen Gewürznelkenbaum. Sie sind würzig-aromatisch und werden als ganze »Nägelchen« oder gemahlen angeboten. Sie sollten sparsam verwendet werden, da ihr Aroma sehr intensiv ist.

Vanille
Vanille ist eine Liane aus dem tropischen Urwald Mexikos. Am feinsten ist die Bourbon-Vanille. Vor der Verwendung schlitzt man die schwarze Schote auf und kratzt das Vanillemark mit einem spitzen Messer heraus. Vanille gibt es auch als Pulver oder kombiniert mit Zucker in Form von Vanillezucker. Das süß schmeckende, milde Vanillin gibt Kakao, Kompotten, Desserts, Gebäck, Parfaits und Schlagsahne eine elegante Note. Vanillezucker wird vor allem zum Backen von Kuchen und Plätzchen bei Teigen, Cremes und in Verbindung mit Schokolade verwendet.

Zimt
Zimt gewinnt man aus der Rinde des immergrünen Zimtbaums. Gemahlener oder Stangenzimt wird vor allem für Lebkuchen und für die Weihnachtsbäckerei verwendet, ist aber auch ein willkommenes Gewürz in Obstkompotten. Vermischt mit Zucker ist es in der Mehlspeisenküche sehr beliebt.

Die Muskatnuss verfeinert gerieben oder gemahlen herzhaftes Gebäck. Muskatblüte oder –nuss eignen sich als Gewürzzutat in Fleisch- und Gemüsegerichten.

Apfelstrudel & Co.

Saftiges Obst in Hülle und Fülle, kaum Fett und Zucker, und dies alles zart umgeben von dem hauchdünnen Strudelteig – Strudel, das ist Mehlspeisengenuss ohne kalorienschwere Gefahr für die schlanke Linie. Ob Äpfel, Rhabarber oder Zwetschen – sie alle lassen sich gut und gerne in die Strudel wickeln. Aber auch Füllungen mit Quark, Mohn, Nüssen und Honig gehören zu den absoluten Klassikern. Der Vielfalt an Kreationsmöglichkeiten ist keine Grenze gesetzt. Lassen Sie sich inspirieren…

Apfelstrudel & Co.

Strudelteig zubereiten

1 Den Teig in der Schüssel kräftig mit den Händen schlagen.
2 Der Strudel ist ausgerollt und wird mit den Händen ausgezogen.
3 Den mit Äpfeln gefüllten Strudel mit Hilfe des Tuchs zusammenrollen.

Grundrezept
Strudelteig

Für 1 Strudel
250 g Mehl
1 Ei
1 Prise Jodsalz
1 EL kaltes Wasser
1 TL weiche Butter
Öl zum Bepinseln

⏱ 30 Minuten
60 Minuten Ruhezeit

1 Das Mehl in eine Schüssel sieben und in die Mitte eine Vertiefung drücken.

2 Ei, Salz, Wasser und Butter in die Mehlmulde geben, verrühren und mit dem gesamten Mehl rasch zu einem weichen Teig verarbeiten. Den Teig schlagen, bis er weder an der Schüssel noch an den Händen klebt und zart und elastisch ist.

3 Aus dem Teig eine Kugel formen, mit Öl bepinseln, den Teig mit einem feuchten Tuch bedecken und 60 Minuten ruhen lassen.

4 Die Teigkugel auf einem großen bemehlten Stofftuch ausrollen, dann über den Handrücken hauchdünn ausziehen.

5 Den ausgezogenen Strudelteig je nach Rezept füllen, die Ränder einschlagen, mit Hilfe des Tuchs locker zusammenrollen und auf ein gefettetes Backblech legen.

Klassisch
Apfelstrudel

Für 4–6 Portionen
Strudelteig
(Grundrezept nebenstehend)
15 mittelgroße Äpfel
7–8 EL in Butter geröstete Semmelbrösel
70 g Rosinen
70 g fein gehackte Mandeln
Zucker nach Geschmack
1 TL Zimtpulver
abgeriebene Schale von
1/2 unbehandelten Zitrone
2 EL Butter zum Bestreichen
1 EL Puderzucker

⏱ 45 Minuten
45 Minuten Backzeit

1 Den Strudelteig nach Grundrezept zubereiten und ausziehen. Den Backofen auf 180 °C (Umluft 160 °C, Gas Stufe 2–3) vorheizen.

2 Die Äpfel schälen, vierteln, entkernen und das Fruchtfleisch grob raspeln. Mit den restlichen Zutaten vermischen.

3 Den Strudelteig mit Butter bestreichen und die Füllung darauf verteilen. Den Strudel zusammenrollen, auf ein mit Backpapier belegtes Blech legen und im Backofen auf der mittleren Schiene etwa 45 Minuten backen.

4 Den Strudel noch warm mit Puderzucker bestäuben.

Himbeerstrudel

Etwas Besonderes
Himbeerstrudel

Für 4–6 Portionen

Strudelteig (Grundrezept Seite 16)
160 g Semmelbrösel
150 g Butter
500 g Himbeeren
3 cl Himbeergeist
80 g Zucker
20 g Vanillezucker
1 Messerspitze Zimtpulver
1 EL Butterschmalz für das Backblech
2 EL Puderzucker

🕐 45 Minuten
45 Minuten Backzeit

1 Den Strudelteig nach Grundrezept (siehe Seite 16) zubereiten. Semmelbrösel in 100 Gramm Butter hellbraun rösten, abkühlen lassen.

2 Die Himbeeren waschen, abtropfen lassen. Mit Himbeergeist, Zucker, Vanillezucker und Zimt vermischen.

3 Zwei Drittel des Teigs mit 50 Gramm flüssiger Butter bestreichen. Auf das untere Drittel Semmelbrösel streuen. Die Füllung aufstreichen, den Strudel aufrollen und auf einem gefetteten Blech im Backofen bei 180 °C (Umluft 160 °C, Gas Stufe 2–3) 45 Minuten backen. Abgekühlt mit Puderzucker bestäuben.

Wer Strudel sagt, meint Apfelstrudel. Ob lauwarm oder kalt – dieser Klassiker ist immer ein Genuss.

Apfelstrudel & Co.

Während der Erdbeersaison in den Sommermonaten sollte dieser köstlich-frische Strudel unbedingt auf Ihrem Speiseplan stehen!

Für Genießer

Erdbeerstrudel

Für 4–6 Portionen
Strudelteig (Grundrezept Seite 16)
180 g Semmelbrösel
200 g Butter
1 kg Erdbeeren
100 g Zucker
8 cl Rum
20 g Vanillezucker
1 Messerspitze Zimtpulver
Butter für das Backblech
2 EL Puderzucker

🕐 **45 Minuten**
ca. 45 Minuten Backzeit

1 Den Strudelteig nach dem Grundrezept (siehe Seite 16) zubereiten.

2 Die Semmelbrösel in etwa 150 Gramm Butter hellbraun rösten und abkühlen lassen.

3 Die Erdbeeren waschen, Stielansätze entfernen, Früchte vierteln und mit Zucker, Rum, Vanillezucker und Zimt vermischen.

4 Den Strudelteig auf einem bemehlten Stofftuch hauchdünn ausrollen und ausziehen.

5 Die oberen zwei Drittel der Teigfläche mit 50 Gramm flüssiger Butter bestreichen. Auf das untere Drittel der Fläche die Semmelbrösel geben, darauf die Erdbeermischung verteilen und den Teig mit Hilfe des Tuchs gleichmäßig einrollen.

6 Ein Backblech mit Butter bestreichen und den Strudel mit der Teignaht nach unten darauf legen. Den Strudel bei 180 °C (Umluft 160 °C, Gas Stufe 2–3) 40 bis 45 Minuten backen.

7 Den fertigen Strudel nach kurzem Abkühlen portionieren. Mit Hilfe eines Siebs die einzelnen Stücke gleichmäßig und dünn mit Puderzucker bestäuben.

Tipp des Konditors

Beerenfrüchte ziehen, wenn sie mit viel Zucker gemischt werden, sehr viel Saft. Um ein Durchfeuchten des Teigs zu vermeiden, können Sie deshalb nur die Hälfte des Zuckers in die Füllung geben und den Rest erst nach dem Backen über die einzelnen Portionen streuen. Serviert mit einer Haube gesüßter Schlagsahne und einer Kugel Vanilleeis werden diese frisch gebackenen Strudel bei Ihren großen und kleinen Gästen für Begeisterung sorgen.

Gelingt leicht

Rhabarberstrudel

Für 4–6 Portionen

Strudelteig (Grundrezept Seite 16)
100 g Semmelbrösel
250 g Butter
750 g Rhabarber
150 g Zucker
150 g Rosinen
40 g geriebene Mandeln
Butter für das Backblech
2 EL Puderzucker

45 Minuten
ca. 40 Minuten Backzeit

1 Den Strudelteig nach dem Grundrezept (siehe Seite 16) zubereiten.

2 Die Semmelbrösel in etwa 100 Gramm Butter hellbraun rösten und abkühlen lassen.

3 Den Rhabarber waschen und abziehen, in 1 Zentimeter lange Stücke schneiden und mit Zucker, Rosinen und Mandeln vermischen.

4 Den Strudelteig auf einem bemehlten Tuch ausrollen und ausziehen.

5 Die oberen zwei Drittel der Teigfläche mit 100 Gramm flüssiger Butter bestreichen und auf das untere Drittel der Fläche die Semmelbrösel geben. Die Rhabarberfüllung gleichmäßig darauf verteilen und den Strudel mit Hilfe des Tuchs locker einrollen.

6 Ein Backblech mit Butter bestreichen und den Strudel mit der Teignaht nach unten darauf legen.

7 Die Oberfläche mit der restlichen flüssigen Butter bestreichen und den Strudel im Backofen bei 180 °C (Umluft 160 °C, Gas Stufe 2–3) etwa 40 Minuten backen.

8 Den Strudel abkühlen lassen, mit Puderzucker bestäuben, portionieren und servieren.

Rhabarber, die »Wurzel der Barbaren«, ist in der Mongolei beheimatet. Am häufigsten wird er zu Kompott gekocht, aber er findet auf Grund seines säuerlichen Aromas auch in vielen Kuchen, zu Eis und in Punsch Verwendung. Hervorragend passt er zu Erdbeeren und Äpfeln.

Apfelstrudel & Co.

Honig war zu allen Zeiten als Heil- und Stärkungsmittel sehr begehrt. Denn er enthält viel wertvollen Fruchtzucker, Traubenzucker, Aminosäuren und Fermente. Mit Honig hergestelltes Gebäck bleibt lange frisch, weshalb er auch gut für die Weihnachtsbäckerei geeignet ist.

Für Leckermäuler

Honigstrudel

Für 4–6 Portionen
100 g getrocknete Birnen
Strudelteig (Grundrezept Seite 16)
300 g getrocknete Aprikosen
270 g Butter
400 g Quark
10 g Vanillezucker
1 Prise Jodsalz
abgeriebene Schale von
1/2 unbehandelten Zitrone
4 Eigelbe
300 g Sauerrahm
50 g Mehl
4 Eiweiße
60 g Honig
Butter für das Backblech
Für die Royal:
300 ml Milch
1 Ei
1 Eigelb
120 g Honig
80 g gemahlene, geröstete Haselnüsse

⏱ **90 Minuten
50 Minuten Backzeit**

1 Die Birnen über Nacht in kaltem Wasser einweichen.

2 Den Strudelteig nach Grundrezept (siehe Seite 16) zubereiten.

3 Die Birnen weich kochen, abkühlen lassen und in Würfel schneiden. Die Aprikosen mit kochendem Wasser überbrühen, abkühlen lassen und in Würfel schneiden.

4 Den Strudelteig auf einem bemehlten Tuch ausrollen und ausziehen. Den Backofen auf 160 °C (Umluft 140 °C, Gas Stufe 1–2) vorheizen.

5 120 Gramm weiche Butter mit Quark, Vanillezucker, Jodsalz und Zitronenschale schaumig rühren, nach und nach die Eigelbe dazugeben. Sauerrahm, Mehl und Früchtewürfel hineinrühren. Eiweiße mit Honig mischen, zu Schnee schlagen und unter die Quarkmasse ziehen.

6 Die Füllung auf einem Viertel des Teigs verteilen. Den freien Teil mit 100 Gramm flüssiger Butter bestreichen und die Füllung in den Strudelteig einrollen.

7 Eine Bratraine mit flüssiger Butter ausstreichen. Den Strudel mit beiden Händen in die Pfanne heben. Die Oberfläche mit den restlichen 50 Gramm flüssiger Butter bestreichen und 15 Minuten im Backofen backen.

8 Für die Royal die Milch auf etwa 80 °C erhitzen. Ei, Eigelb und 40 Gramm Honig in die Milch einrühren. Nach 15 Minuten Backzeit die Honigmilch über den Strudel verteilen und in 35 Minuten fertig backen.

9 Nach kurzem Abkühlen den Strudel portionieren. Mit einem Löffel den Strudel mit dem restlichen Honig beträpfeln und die Haselnüsse darüber streuen.

Die ungewöhnliche Kombination von Quark, Honig und Aprikosen verleiht dem Honigstrudel Leichtigkeit und Frische.

Apfelstrudel & Co.

Auf Grund seiner leuchtend roten Farbe eignet sich der Waldbeerenstrudel auch optisch ideal als krönender Abschluss eines jeden festlichen Menüs.

Obst auch im Winter
Waldbeerenstrudel

Für 4–6 Portionen
Strudelteig (Grundrezept Seite 16)
180 g Semmelbrösel
200 g Butter
500 g tiefgekühlte Waldbeerenmischung
50 g Kristallzucker
5 cl Rum
20 g Vanillezucker
1 Messerspitze Zimtpulver
Butter für das Blech
2 EL Puderzucker

🕐 45 Minuten
ca. 50 Minuten Backzeit

1 Den Strudelteig nach Grundrezept (siehe Seite 16) zubereiten.

2 Die Semmelbrösel in etwa 100 Gramm Butter hellbraun rösten und abkühlen lassen.

3 Gefrorene Waldbeerenmischung mit Zucker, Rum, Vanillezucker und Zimt vermischen.

4 Den Strudelteig auf einem bemehlten Tuch ausrollen und ausziehen.

5 Die oberen zwei Drittel der Teigfläche mit 100 Gramm flüssiger Butter bestreichen. Auf das untere Drittel die Semmelbrösel streuen, darauf die Füllung verteilen und den Strudel mit Hilfe des Tuchs einrollen.

6 Ein Backblech mit Butter bestreichen und den Strudel mit der Teignaht nach unten darauf legen.

7 Den Waldbeerenstrudel im Backofen bei 180 °C (Umluft 160 °C, Gas Stufe 2–3) auf der mittleren Schiene etwa 50 Minuten backen. Abkühlen lassen, mit Puderzucker bestäuben und portionieren.

Köstlich im Herbst
Zwetschenstrudel

Für 4–5 Portionen
Strudelteig (Grundrezept Seite 16)
160 g Semmelbrösel
200 g Butter
1 kg Zwetschen
180 g Zucker
1 TL Zimt
250 g Sauerrahm
100 g gehackte Haselnüsse
Butter für das Backblech
2 EL Puderzucker

🕐 45 Minuten
ca. 45 Minuten Backzeit

Zwetschenstrudel

1 Den Strudelteig nach Grundrezept (siehe Seite 16) zubereiten. Semmelbrösel in etwa 100 Gramm Butter hellbraun rösten und abkühlen lassen.

2 Zwetschen waschen, entsteinen, in 4 bis 6 Spalten schneiden und mit Zucker und Zimt vermischen.

3 Den Strudelteig auf einem bemehlten Tuch ausrollen und ausziehen.

4 Auf zwei Dritteln der Fläche die Semmelbrösel geben. Darauf Zwetschen und Sauerrahm verteilen. Haselnüsse darüber streuen.

5 Das letzte Drittel des Teigs mit flüssiger Butter bestreichen, Teigränder seitlich einschlagen und den Strudel einrollen.

6 Ein Backblech mit flüssiger Butter bestreichen. Den Strudel mit der Teignaht nach unten darauf legen. Während des Backens die Oberfläche mehrmals mit der restlichen flüssigen Butter bestreichen.

7 Den Zwetschenstrudel im Ofen auf der mittleren Schiene bei 180 °C (Umluft 160 °C, Gas Stufe 2–3) etwa 40 bis 45 Minuten backen. Den Strudel portionieren und mit Puderzucker bestäuben.

Mit seinen herbstlichen Farben und Zutaten stellt der Zwetschenstrudel eine willkommene Abwechslung zum Apfelstrudel dar.

Süddeutsch

Milchrahmstrudel

Für 4–6 Portionen
Strudelteig (Grundrezept Seite 16)
250 g Butter
150 g Zucker
8 g Vanillezucker
1 Prise Jodsalz
abgeriebene Schale von
1/2 unbehandelten Zitrone
5 Eigelbe
500 g Quark
350 g Sauerrahm
60 g Mehl
50 g Rosinen
5 Eiweiße
Butter für die Bratraine
2 EL Puderzucker
Für die Royal:
350 ml Milch
3 Eier
40 g Zucker
4 g Vanillezucker
1 Prise Jodsalz
Für die Vanillesauce:
400 g Schlagsahne
1/2 l Milch
110 g Zucker, 10 g Vanillezucker
1 Prise Jodsalz
15 g Vanillepuddingpulver
2 Eigelbe

🕐 **60 Minuten**
60 Minuten Backzeit

1 Den Strudelteig zubereiten und ausziehen, wie im Grundrezept beschrieben (siehe Seite 16). Den Backofen auf 160 °C (Umluft 140 °C, Gas Stufe 1–2) vorheizen.

2 100 Gramm weiche Butter mit 50 Gramm Zucker, Vanillezucker, Jodsalz und Zitronenschale schaumig schlagen. Eigelbe, Quark, Sauerrahm, Mehl und Rosinen unterrühren. Eiweiß mit dem restlichen Zucker zu steifem Schnee schlagen und mit der Quarkmasse mischen.

3 Die Füllung auf einem Viertel der Teigfläche verteilen, den restlichen Teig mit 50 Gramm flüssiger Butter bestreichen und einrollen.

4 Den Strudel in der Mitte zerteilen und in eine gebutterte Bratraine heben. Oberfläche mit 50 Gramm flüssiger Butter bestreichen und im Backofen 20 Minuten vorbacken.

5 Für die Royal die Milch auf etwa 80 °C erhitzen. Eier, Zucker, Vanillezucker und Jodsalz einrühren. Die Eiermilch nach 20 Minuten Backzeit über den Strudel verteilen und den Strudel in 40 Minuten fertig backen. Dabei mehrmals mit der restlichen flüssigen Butter bestreichen.

6 Für die Vanillesauce Sahne mit 350 Milliliter Milch, Zucker, Vanillezucker und Jodsalz aufkochen. Das Puddingpulver mit der restlichen Milch vermischen, der Sahnemischung beifügen und aufkochen. Zum Schluss die Eigelbe verquirlen und unterrühren. Darauf achten, dass die Sauce nicht mehr kocht.

7 Den leicht abgekühlten Strudel dünn mit Puderzucker bestäuben und mit Vanillesauce servieren.

Speisequark ist ein wahrer Alleskönner, was die Verwendung in der Küche angeht. Magerquark enthält rund 12 Prozent Eiweiß, fast viermal so viel wie Rohmilch. Speisequark wird in mehreren Fettstufen angeboten: Magerstufe (unter 10 Prozent Fett i. Tr.) Halbfettstufe (20 Prozent) und Fettstufe (40 Prozent).

Heidelbeerstrudel

Etwas Besonderes

Heidelbeerstrudel

Für 4–6 Portionen

Strudelteig (Grundrezept Seite 16)
160 g Semmelbrösel
200 g Butter, 100 g Zucker
1 kg Heidelbeeren
8 cl Slibowitz
(oder Zwetschenschnaps)
20 g Vanillezucker
1 Messerspitze Zimtpulver
Butter für das Blech
2 EL Puderzucker

🕐 45 Minuten
ca. 45 Minuten Backzeit

1 Den Teig nach Grundrezept zubereiten. Semmelbrösel in 100 Gramm Butter rösten. Alle Zutaten mischen.

2 Den Teig auf einem bemehlten Tuch ausrollen und ausziehen. Die oberen zwei Drittel der Fläche mit 100 Gramm flüssiger Butter bestreichen. Das untere Drittel mit Semmelbröseln bestreuen.

3 Die Füllung darauf verteilen. Den Teig mit Hilfe eines Tuchs einrollen. Ein Blech mit Butter bestreichen. Den Strudel mit der Teignaht nach unten darauf legen. Den Strudel bei 180 °C etwa 40 Minuten backen. Mit Puderzucker bestäuben.

In Süddeutschland ist der Milchrahmstrudel mindestens ebenso beliebt wie sein berühmter Bruder, der Apfelstrudel.

Slibowitz oder Sliwowitz, von »sliva« (die Pflaume), ist die slawische Form von Zwetschenschnaps.

Apfelstrudel & Co.

Süß und gehaltvoll

Weintraubenstrudel

Für 4–6 Portionen
Strudelteig (Grundrezept Seite 16)
200 g Butter
200 g Zucker
200 g geriebene Haselnüsse
10 g Vanillezucker
1 Prise Jodsalz
abgeriebene Schale von
1/2 unbehandelten Zitrone
5 Eigelbe
5 Eiweiße
800 g kernlose Weintrauben
Butter für die Bratraine
2 EL Puderzucker

🕐 45 Minuten
ca. 60 Minuten Backzeit

Wer Nussliebhaber ist, kann die Hälfte der Haselnüsse durch gehackte Walnüsse ersetzen und alles mit ein paar gehackten Pistazienkernen abrunden.

1 Den Strudelteig nach dem Grundrezept (siehe Seite 16) zubereiten und auf einem bemehlten Tuch ausrollen und ausziehen.

2 Für die Nussmasse 150 Gramm weiche Butter mit 100 Gramm Zucker, Haselnüssen, Vanillezucker, Jodsalz und Zitronenschale schaumig rühren. Eigelbe nach und nach dazugeben.

3 Eiweiße mit dem restlichen Zucker zu steifem Schnee schlagen und beide Massen vermischen.

4 Die Weintrauben entstielen, waschen und trockentupfen.

5 Die Nussmasse auf einem Viertel der Teigfläche verteilen und die Weintrauben darüber streuen. Den Backofen auf 160 °C (Umluft 140 °C, Gas Stufe 1–2) vorheizen.

6 Den frei bleibenden Teil des Teigs mit 50 Gramm flüssiger Butter bestreichen. Mit Hilfe des Tuchs die Füllung in den Teig rollen.

7 Eine Bratraine oder eine große Pfanne mit flüssiger Butter ausstreichen und den Strudel u-förmig hineinlegen.

8 Die Oberfläche des Strudels mit der restlichen flüssigen Butter bestreichen und den Strudel im Backofen etwa 60 Minuten backen.

9 Den Strudel abkühlen lassen, mit Puderzucker bestäuben, portionieren und servieren.

Weintrauben kann man hervorragend als Belag oder Füllung für Kuchen verwenden, wie dieser köstliche Weintraubenstrudel beweist.

Tipp des Konditors

Ideal eignet sich dieser gehaltvolle Strudel als Nachtisch, begleitet von einem Gläschen süßem Dessertwein.

Apfelstrudel & Co.

Wie viele einstmals exotische Früchte, die bei uns heute Normalität geworden sind, stammt auch der Pfirsich aus China. Der Legende nach gelangte er aber durch Alexander den Großen aus Persien ins Abendland. Daher auch sein Name: Persica – der Pfirsich.

Pfirsich mit Schüss
Pfirsichstrudel

Für 4–5 Portionen
Strudelteig (Grundrezept Seite 16)
160 g Semmelbrösel
200 g Butter
1 kg Pfirsiche
80 g Zucker
20 g Vanillezucker
5 cl Cointreau
1 Messerspitze Zimtpulver
40 g gehobelte, geröstete Mandeln
Butter für das Backblech
2 EL Puderzucker

45 Minuten
ca. 50 Minuten Backzeit

1 Den Strudelteig nach Grundrezept (siehe Seite 16) zubereiten.

2 Die Semmelbrösel in etwa 100 Gramm Butter hellbraun rösten und abkühlen lassen.

3 Die Pfirsiche mit heißem Wasser überbrühen, die Haut abziehen, das Fruchtfleisch halbieren, entsteinen und blättrig schneiden.

4 Das Fruchtfleisch mit Zucker, Vanillezucker, Cointreau, Zimt und Mandeln gut vermischen. Den Strudelteig auf einem bemehlten Tuch ausrollen und ausziehen.

5 Zwei Drittel der Teigfläche mit der restlichen flüssigen Butter bestreichen, ein Drittel des Teigs mit Semmelbröseln bestreuen. Die Pfirsichfüllung darauf verteilen und den Strudel einrollen.

6 Ein Backblech mit Butter bestreichen und den Strudel mit der Teignaht nach unten darauf legen. Den Strudel bei 180 °C (Umluft 160 °C, Gas Stufe 2–3) 40 bis 50 Minuten backen.

7 Abgekühlt mit Puderzucker bestäuben, portionieren und servieren.

Beliebt bei Kindern
Schokoladenstrudel

Für 4–6 Portionen
Strudelteig (Grundrezept Seite 16)
150 g flüssige Butter
5 Eier
100 g Zucker
150 g geriebene Schokolade
100 g geschälte, gestoßene Mandeln
2 EL geriebene Schokolade oder Schokoraspel zum Bestreuen
2 EL Puderzucker

45 Minuten
45 Minuten Backzeit

Schokoladenstrudel

1 Den Strudelteig nach dem Grundrezept (siehe Seite 16) zubereiten. Auf einem bemehlten Tuch ausrollen, ausziehen und mit Butter bestreichen. Den Backofen auf 180 °C (Umluft 160 °C, Gas Stufe 2–3) vorheizen.

2 Für die Füllung die Eier trennen. Eigelbe schaumig rühren. Eiweiße mit dem Zucker zu steifem Schnee schlagen und unter die Eigelbe heben.

3 Den größten Teil der Eimasse auf dem Strudelteig verteilen und mit der geriebenen Schokolade und den Mandeln bestreuen.

4 Den Strudel mit Hilfe eines Tuchs zusammenrollen und mit der restlichen Eimasse bestreichen.

5 Den Strudel im Backofen 45 Minuten backen. Mit Puderzucker und geriebener Schokolade bestreuen und sofort servieren.

Tipp des Konditors

Wenn Sie es lieber herb mögen, können Sie statt Vollmilch- auch Edelbitterschokolade verwenden und der Eimasse 1 Esslöffel Amaretto hinzufügen.

Ein Schuss Cointreau verleiht dem Pfirsichstrudel sein leicht herbes Aroma.

Wenn es einmal schnell gehen soll: Im Handel werden fertig ausgezogene Strudelteige angeboten. Diese können Sie wie in den Rezepten angegeben weiterverarbeiten.

Warme Süßspeisen

Die Höhepunkte der böhmisch-österreichischen Mehlspeisenkochkunst versammeln sich zum Gipfeltreffen: Salzburger Nockerl, Germknödel, Topfenpalatschinken, Powidltascherl, Mohr im Hemd, Marillenknödel und nicht zuletzt natürlich der Inbegriff aller Mehlspeisen, der Kaiserschmarrn: Wer hat sie nicht schon oft im Gasthaus genossen und wollte sie nicht schon längst einmal selbst ausprobieren? Ihre berühmten Rezepte und viele weitere finden Sie in diesem Kapitel.

Warme Süßspeisen

Großmutters Rezept
Buchteln mit Kirschsauce

Anstelle frischer Früchte können Sie auch Kirschen aus dem Glas verwenden. Achten Sie darauf, die Früchte gut abtropfen zu lassen, da die Sauce sonst zu dünnflüssig werden kann.

Für 4–6 Portionen
Für die Buchteln:
500 g Mehl
1/2 TL Jodsalz
25 g Hefe
1/4 l Milch
70 g Zucker
70 g zimmerwarme Butter
1 Ei
etwas Butter für das Blech
Butter zum Bestreichen
Für die Kirschsauce:
350 g Kirschen
100 ml Rotwein
90 g Zucker
Saft von 1 Zitrone
1 Prise Zimtpulver
2 cl Kirschwasser

🕐 60 Minuten
ca. 45 Minuten Backzeit

1 Mehl mit Salz in eine Schüssel sieben und in die Mitte eine Vertiefung drücken. Die Hefe in eine Tasse krümeln, mit wenig lauwarmer Milch und dem Zucker auflösen, in die Schüssel geben und mit etwas Mehl vermischen. Den Vorteig mit einem Tuch bedeckt an einem warmen Ort 15 Minuten gehen lassen.

2 Die Butter, die restliche Milch und das Ei dazugeben und mit dem Mehl zu einem glatten Teig verarbeiten. Den Teig solange »abschlagen«, bis er sich vom Schüsselrand löst und Blasen wirft. Erneut zugedeckt 10 bis 15 Minuten ruhen lassen.

3 Ein Backblech mit Butter ausstreichen und den Backofen auf 180 °C (Umluft 160 °C, Gas Stufe 2–3) vorheizen.

4 Den Teig erneut durchkneten und auf einer bemehlten Arbeitsfläche etwa 3 Zentimeter dick ausrollen.

5 Mit einem kleinen runden Ausstecher (ca. 4 Zentimeter Durchmesser) Buchteln ausstechen.

6 Die Buchteln eng aneinander auf das gefettete Blech legen. Mit flüssiger Butter bestreichen. Im Backofen auf der mittleren Schiene in 35 bis 45 Minuten goldgelb backen.

7 Inzwischen die Kirschen waschen und entsteinen. In Rotwein, Zucker, Zitronensaft und Zimt weich kochen, im Mixer pürieren und das Püree durch ein Sieb streichen.

8 Die Sauce erkalten lassen. Zum Schluss das Kirschwasser einrühren. Zu den heißen Buchteln reichen.

Rohrnudeln

Zum Frühstück

Rohrnudeln

Für 6–8 Portionen

30 g Hefe
1/4 l Milch
70 g Zucker
600 g Mehl
70 g Butter
1/2 TL Jodsalz
2 Eier, 2 Eigelbe
2 EL Butter für die Bratraine
50 g flüssige Butter zum Bestreichen

🕒 90 Minuten
ca. 30 Minuten Backzeit

1 Aus der Hefe, etwas Zucker, ein wenig Mehl und 1/8 Liter Milch einen Vorteig herstellen. 15 Minuten ruhen lassen. Die restlichen Zutaten zugeben, zu einem glatten Teig verarbeiten und den Teig 30 Minuten zugedeckt gehen lassen. Den Backofen auf 180 °C (Umluft 160 °C, Gas Stufe 2–3) vorheizen.

2 Aus dem Teig 50 Gramm schwere Kugeln formen. Diese dicht in eine gebutterte Bratraine setzen und erneut 15 Minuten gehen lassen.

3 Die Rohrnudeln 25 bis 30 Minuten backen. Danach mit flüssiger Butter bestreichen und servieren.

Bestrichen mit flüssiger Butter erhalten die Rohrnudeln ihre appetitlich goldgelbe Farbe.

Etwas saftiger schmecken die Rohrnudeln, wenn Sie sie mit einer entkernten Zwetsche oder mit Konfitüre füllen.

Warme Süßspeisen

Für Spezialisten
Dampfnudeln

Für 6–8 Portionen
1 kg Mehl
1/2 l lauwarme Milch
40 g Hefe
2 EL Zucker
2 EL flüssige Butter
3 Eier
etwas Jodsalz

Für die Bratraine:
40 g Butter
3/4 l Milch
1 Päckchen Vanillezucker
1 EL Zucker

⏱ 45 Minuten
30 Minuten Backzeit

Als Beigabe zu Dampfnudeln eignen sich Vanillesauce (siehe Seite 24) und in Wasser weich gegartes, mit Zimt verfeinertes Trockenobst.

1 Das Mehl in eine Schüssel sieben und in die Mitte eine Vertiefung drücken. Von der Milch 5 Esslöffel in eine Tasse geben und die Hefe darin mit dem Zucker auflösen.

2 Die aufgelöste Hefe in die Mehlmulde gießen und mit einem Teil des Mehls vermischen. Die Schüssel mit einem Tuch bedecken und den Vorteig an einem warmen Ort 15 Minuten gehen lassen.

3 Sobald die Oberfläche Risse zeigt, die restlichen lauwarmen Zutaten zugeben und mit einem Holzlöffel so lange schlagen, bis sich der Teig vom Schüsselrand löst.

4 Den Teig erneut zudecken und 15 bis 30 Minuten aufgehen lassen, bis der Teig das Doppelte seines Volumens erreicht hat. Durchkneten und auf ein bemehltes Brett stürzen.

5 Den Teig in etwa 50 Gramm schwere Stücke teilen, mit bemehlten Händen zu Kugeln formen. Bedeckt 15 bis 30 Minuten gehen lassen. Den Backofen auf 170 °C (Umluft 150 °C, Gas Stufe 2) vorheizen.

6 Eine Bratraine gut mit Butter ausstreichen. Milch darin erwärmen und mit Vanillezucker und Zucker vermischen. Die Teigkugeln nicht zu eng nebeneinander hineinsetzen und die Bratraine mit einem Deckel fest verschließen.

7 Die Dampfnudeln im Backofen etwa 30 Minuten garen. Währenddessen den Deckel niemals abnehmen! Am Ende der Garzeit die Raine vorsichtig öffnen (heißer Dampf), die Nudeln mit einer langen Nadel einige Male einstechen und sofort servieren.

Der leicht salzige, eher neutrale Geschmack der Dampfnudeln harmoniert sehr gut mit dem kräftigen Aroma der Vanille.

Tipp des Konditors

Anstatt im Backofen können Sie die Dampfnudeln auch in einem gut schließenden flachen Topf auf der Herdplatte auf etwas zerlassener Butter bei schwacher Hitze garen.

Warme Süßspeisen

Überall beliebt
Germknödel mit Mohn

Je frischer der Mohn gequetscht ist, desto besser. Lassen Sie ihn sich im Geschäft mahlen, oder legen Sie sich, wenn Sie Mohnliebhaber sind, eine eigene Mohnmühle zu.

Für 6–8 Portionen
500 g Mehl
1/4 l Milch
60 g Zucker
1/4 TL Jodsalz
2 Eigelbe
abgeriebene Schale von 1/2 unbehandelten Zitrone
25 g Hefe
70 g weiche Butter
etwas Mehl für das Blech
250 g Zwetschenmus

Für die Mohnmischung:
180 g Mohn
120 g Zucker
30 g Vanillezucker
250 g Butter

90 Minuten
40 Minuten Ruhezeit

1 Das Mehl in eine Schüssel sieben. Die Milch etwas erwärmen, die Hälfte davon mit Zucker, Salz, Eigelben und Zitronenschale verrühren.

2 Die Hefe zerbröseln und in der restlichen Milch auflösen. Die beiden Milchmischungen mit dem Mehl und der Butter zu einem geschmeidigen Teig verarbeiten.

3 Die Schüssel mit einem Tuch bedecken und den Teig etwa 20 Minuten

aufgehen lassen. Ein Backblech leicht mit Mehl bestäuben.

4 Den Hefeteig in 16 gleiche Teile schneiden und Kugeln daraus formen. Mit einem Finger jeweils eine Vertiefung in die Kugelmitte drücken und jeweils 1 Teelöffel Zwetschenmus einfüllen.

5 Die Teigkugeln nachformen, dabei die Füllung mit dem Teig umhüllen.

6 Die Knödel auf das bemehlte Blech setzen, mit einem Tuch bedecken und erneut 15 bis 20 Minuten gehen lassen, bis sie fast das doppelte Volumen erreicht haben.

7 In einem großen Topf reichlich Wasser zum Kochen bringen, leicht salzen und die Knödel einlegen. Den Deckel schräg auflegen, damit der Topf leicht geöffnet bleibt. Nach dem ersten Aufkochen die Temperatur zurückdrehen und die Knödel nur noch ziehen lassen.

8 Nach etwa 10 Minuten die Knödel umdrehen und weitere 5 Minuten ziehen lassen. Inzwischen den Mohn mahlen und mit Zucker und Vanillezucker mischen. Die Butter schmelzen und die Mohnmischung unterrühren.

9 Die Knödel aus dem Wasser heben und sofort mit einer langen Nadel einige Male anstechen.

10 Die Knödel sofort anrichten und mit Mohnbutter übergießen.

Salzburger Nockerl

Himmlisch

Salzburger Nockerl

Für 2 Portionen
30 g Butter, 3 Eigelbe
1 TL Speisestärke
3 Eiweiße
50 g Puderzucker
1 EL Butter für die Form
2 EL Puderzucker

20 Minuten
ca. 8 Minuten Backzeit

1 Die Butter schaumig rühren. Nacheinander die Eigelbe und die Speisestärke dazugeben.

2 Den Backofen auf 180 °C (Gas Stufe 2–3) vorheizen. Die Eiweiße mit dem Puderzucker zu steifem Schnee schlagen und unter die Masse heben.

3 Die Butter in einer feuerfesten Form zerlassen. Von der Eimasse mit einem Teigschaber gleichmäßig große Nockerl abstechen und nebeneinander in die Form setzen.

4 Im Backofen auf der mittleren Schiene in etwa 8 Minuten hellbraun backen. Die Nockerl sollen innen schaumig bleiben.

5 Die Nockerl rasch mit Puderzucker bestäuben und sofort servieren.

So luftig-leicht kann die Kombination von Mehl und Eiern sein: Salzburger Nockerl sind die vollendete Schöpfung der Mehlspeisenkochkunst.

Warme Süßspeisen

Böhmisch

Marillenknödel

Für 6 Portionen
1 kg in der Schale gekochte Kartoffeln (mehlig kochend)
Jodsalz
3 Eigelbe
Mehl nach Bedarf
12 gleichmäßig große Marillen (Aprikosen)
12 Stück Würfelzucker
60 g Butter zum Rösten
80 g Semmelbrösel
2 EL Zucker

🕒 45 Minuten
20 Minuten Garzeit

Kartoffel- und Quarkteig sind für alle Obstknödel gleich gut geeignet und können nach Belieben ausgetauscht werden.

1 Gekochte Kartoffeln schälen und durch eine Kartoffelpresse drücken. Mit 1 Prise Jodsalz und Eigelben vermischen und so viel Mehl dazugeben, dass ein formbarer, nicht zu fester Teig entsteht.

2 Den Teig in zwölf Stücke teilen und diese flach drücken. Aprikosen mit kochendem Wasser überbrühen und die Haut abziehen. Früchte mit einem scharfen Messer halb aufschneiden und entsteinen.

3 In jede Aprikose 1 Stück Würfelzucker legen, diese auf ein Teigstück setzen und einen Knödel formen, so dass die Aprikose jeweils vollständig vom Teig umhüllt wird.

4 In einem weiten Topf reichlich Wasser zum Sieden bringen, salzen, Knödel einlegen und in 15 bis 20 Minuten gar ziehen lassen; ab und zu wenden. Eine Platte vorwärmen.

5 Die Butter zerlassen, Semmelbrösel darin goldbraun rösten und den Zucker zufügen. Die Knödel aus dem Wasser heben, abtropfen lassen, auf die vorgewärmte Platte legen und in den Butterbröseln wälzen.

Süß und fruchtig

Zwetschenknödel

Für 10 Knödel
80 g Butter
20 g Zucker
5 g Vanillezucker
Jodsalz
1 Ei, 1 Eigelb
300 g Magerquark
100 g Mehl
10 Zwetschen
5 Stück Würfelzucker
Mehl für die Arbeitsplatte
Für die Brösel:
80 g Butter
10 g Zucker
10 g Vanillezucker
80 g Semmelbrösel
2 EL Puderzucker

🕒 60 Minuten
20 Minuten Kühlzeit

Zwetschenknödel

1 Butter mit Zucker, Vanillezucker und Salz schaumig rühren. Ei und Eigelb zugeben. Quark und Mehl rasch darunter mischen und den Teig 20 Minuten kalt stellen.

2 Zwetschen waschen, abtrocknen, zur Hälfte aufschneiden und den Stein entfernen.

3 Die Arbeitsplatte mit Mehl bestäuben. Quarkteig zu einer etwa 6 Zentimeter dicken Rolle formen, in 10 gleich große Stücke schneiden und diese ein wenig flach drücken.

4 Je 1/2 Stück Würfelzucker in die Zwetschen stecken, je eine in die Teigscheiben einschlagen und diese zu Knödeln formen.

5 Die Knödel in reichlich leicht gesalzenes kochendes Wasser legen. Nach dem ersten Aufkochen zugedeckt 8 bis 10 Minuten ziehen lassen, bis sie an der Oberfläche schwimmen.

6 Die Butter zerlassen. Zucker, Vanillezucker und Brösel zugeben und goldbraun rösten.

7 Die gegarten Knödel aus dem Wasser heben, abtropfen lassen, die Brösel darüber geben, leicht mit Puderzucker bestäuben.

Mit einem Stück Würfelzucker gefüllt, werden die Zwetschenknödel mit in Butter gerösteten Semmelbröseln serviert.

Für die Brösel können Sie auch feinkörnigen braunen Zucker verwenden.

Warme Süßspeisen

Österreichisch-ungarisch
Topfenpalatschinken (Quarkpfannkuchen)

Schnell zubereitet und doch immer köstlich sind Palatschinken, die mit Aprikosenmarmelade oder mit in wenig Zuckerwasser gedünsteten Heidelbeeren, begleitet von Vanilleeis, gefüllt sind.

Für 4–6 Portionen
1 EL Butter für die Form
Für die Pfannkuchen:
2 Eier
2 Eigelbe
1 Messerspitze Salz
50 g Zucker
125 Sahne
2 EL Öl
250 g Mehl
2 EL Butter für die Pfanne
Für die Füllung:
70 g Butter
50 g Puderzucker
2 Eigelbe
400 g Magerquark (Topfen)
1 Messerspitze Salz
Mark von 1 Vanilleschote
abgeriebene Schale von 1 unbehandelten Zitrone
125 g Sahne
2 Eiweiß
80 g Puderzucker
40 g Rosinen
Außerdem:
2 Eier
250 g Sahne
1/8 l Milch
30 g Puderzucker

🕒 **60 Minuten**
ca. 30 Minuten Backzeit

1 Eine ofenfeste Glasform mit Butter ausstreichen. Den Backofen auf 200 °C (Umluft 180 °C, Gas Stufe 3–4) vorheizen.

2 Eier, Eigelbe, Salz, Zucker und Sahne miteinander vermischen. Öl beifügen und das Mehl nach und nach hineinrühren. In einer Pfanne Butter erhitzen und aus dem Teig nacheinander dünne Pfannkuchen backen.

3 Für die Füllung Butter und Puderzucker vermischen, Eigelbe, Quark, Salz, Vanillemark, Zitronenschale und Sahne zugeben und glatt rühren.

4 Eiweiße und Puderzucker zu steifem Schnee schlagen und mit den Rosinen unter die Masse heben.

5 Palatschinken mit der Quarkfüllung bestreichen, zusammenrollen, halbieren und in die Glasform legen.

6 Die Eier mit der Sahne und der Milch verrühren. Die Palatschinken im Backofen auf der mittleren Schiene zuerst 12 Minuten backen, dann mit der Eimasse übergießen und so lange backen, bis die Masse gestockt und goldgelb ist.

7 Die Palatschinken mit Puderzucker bestäuben und sofort heiß servieren.

Tipp des Konditors

Eine noch feinere Note verleihen Sie der Quarkfüllung, wenn Sie sie mit Rumrosinen und in Butter gerösteten Mandelstiften oder Walnüssen anreichern.

Orangenomelett

Für Besuch
Orangenomelett

Für 2–4 Portionen
40 g weiche Butter
70 g Mehl
1/4 Päckchen Backpulver
abgeriebene Schale von
1 unbehandelten Orange
125 g Sahne, 6 Eigelbe
6 Eiweiße, 50 g Zucker
Butter für die Pfanne
100 g Orangenmarmelade
1 EL Puderzucker

⏲ 30 Minuten
15 Minuten Backzeit

1 Den Backofen auf 180 °C (Umluft 160 °C, Gas Stufe 2–3) vorheizen. In einem Topf Butter, Mehl, Backpulver, Orangenschale und Sahne bei schwacher Hitze unter Rühren dick kochen. Abkühlen lassen, die Eigelbe mit einem Schneebesen einrühren. Eiweiße mit Zucker zu steifem Schnee schlagen und unterheben.

2 Die Masse in eine große gebutterte Pfanne füllen, mit einem Deckel zudecken und im Backofen 15 Minuten backen.

3 Auf eine warme Platte stürzen, mit Marmelade bestreichen, falten und mit Puderzucker bestäuben.

Eingetaucht in eine Creme aus Sahne und Eiern werden die Topfenpalatschinken herrlich locker und saftig.

Warme Süßspeisen

Gelingt leicht

Eierpfannkuchen mit Preiselbeeren

Fruchtkompotte sind ein wichtiger Bestandteil der Mehlspeisenküche – ob zu Pfannkuchen, Kaiserschmarren oder einfach pur.

Für 4 Portionen
5 Eier
1 Prise Jodsalz
1/8 l Milch
300 g Mehl
4 EL Butter
80 g Preiselbeerkonfitüre
1 EL Puderzucker

🕐 45 Minuten

1 Eier, Salz und Milch glatt verrühren, das Mehl nach und nach zugeben, bis der Pfannkuchenteig sämig ist.

2 Eine beschichtete Pfanne erhitzen, 1 Esslöffel Butter schmelzen und ein Viertel des Teigs in die Pfanne einlaufen lassen.

3 Den Deckel auflegen und kurze Zeit warten. Den Pfannkuchen wenden, wieder den Deckel auflegen und den Pfannkuchen bei mittlerer Hitze ausbacken, bis er auf beiden Seiten goldgelb ist.

4 Den Pfannkuchen mit Preiselbeerkonfitüre bestreichen, zusammenrollen und warm stellen, bis die restlichen Pfannkuchen gebacken sind.

5 Vor dem Servieren leicht mit Puderzucker bestäuben.

Ganz schnell

Fruchtkompott

Für 4 Portionen
750 g gemischte Früchte (z. B. Äpfel, Zwetschen oder Aprikosen)
100 g Zucker
Saft von 1 Zitrone
Stangenzimt (bei Äpfeln, Zwetschen)

🕐 15 Minuten
10 Minuten Garzeit

1 Die Früchte waschen (Äpfel schälen), vierteln und entkernen. Aus 1/2 Liter Wasser, Zucker, Zitronensaft und Zimt einen Sud kochen.

2 Die Früchte in dem Sud kurz aufkochen lassen. Bei schwacher Hitze zugedeckt 10 Minuten gar ziehen lassen. In Glasschalen füllen und abgekühlt servieren.

Tipp des Konditors

Kompotte aus Beeren, Rhabarber oder Kirschen brauchen nur 1/4 Liter Wasser und 5 Minuten Garzeit.

Österreichisch-böhmisch
Powidltascherl

Für 4–6 Portionen
Für den Nudelteig:
500 g Mehl
2 Eier
1 Eigelb
50 g Zucker
Jodsalz
Für die Füllung:
200 g festes Zwetschenmus
1 Eiweiß zum Bestreichen
Außerdem:
1 EL Butterschmalz
2 EL Zucker zum Bestreuen
1/4 TL Zimtpulver zum Bestreuen

⏲ 45 Minuten
ca. 20 Minuten Garzeit

1 Das Mehl in eine Schüssel sieben und in die Mitte eine kleine Vertiefung drücken.

2 Eier, Eigelb, Zucker und 1/4 Teelöffel Salz verrühren und 5 Minuten stehen lassen. In die Vertiefung gießen und mit dem Mehl verkneten. Nach und nach 2 Esslöffel lauwarmes Wasser hinzufügen.

3 Mit beiden Händen einen glatten Teig kneten. Den Teig in vier gleich große Laibe teilen, diese zu Kugeln formen, mit einem Tuch bedecken und 30 Minuten ruhen lassen.

4 Auf einer bemehlten Arbeitsplatte die vier Kugeln mit einem bemehlten Nudelholz dünn ausrollen. In Quadrate mit 8 Zentimetern Kantenlänge schneiden.

5 In die Mitte jedes Teigquadrats 1 Teelöffel festes Zwetschenmus setzen. Die Ränder mit verquirltem Eiweiß bestreichen und die Quadrate zu Dreiecken zusammendrücken.

6 In einem großen Topf reichlich Wasser zum Kochen bringen, leicht salzen. Die gefüllten Dreiecke (Tascherl) einlegen und bei geringer Hitzezufuhr 15 bis 20 Minuten gar ziehen lassen (nicht kochen), bis sie an die Oberfläche steigen.

7 Die Tascherl mit einem Schaumlöffel herausheben, kalt abschrecken und abtropfen lassen. In einer Pfanne reichlich Butterschmalz erhitzen und die Tascherl vorsichtig darin schwenken. Zuletzt mit Zucker und Zimtpulver bestreuen.

Pflaumenmus (Powidl) können Sie leicht selbst herstellen: 1 Kilogramm Pflaumen entkernen, im Mixer pürieren und mit 350 Gramm Zucker und 1 Teelöffel Zimt 2 Stunden unter gelegentlichem Umrühren bei geringer Hitze kochen lassen, bis ein zähflüssiges Mus entstanden ist.

Warme Süßspeisen

Österreichische Spezialität

Kaiseromelett

Für 2 Portionen
120 ml Milch
30 g Butter
Mark von 1/2 Vanilleschote
1 Prise Salz
80 g Mehl
3 Eigelbe
2 EL Butter zum Ausbacken
3 Eiweiße
50 g Zucker
Für die Füllung:
100 g Erdbeeren
30 g Zucker
4 cl Sherry oder Portwein
Für den Weinschaum:
50 g Zucker
2 Eigelbe
120 ml Weißwein
Puderzucker zum Bestäuben

⏲ 45 Minuten
10 Minuten Backzeit

1 Den Backofen auf 230 °C (Umluft 210 °C, Gas Stufe 5) vorheizen. Milch mit Butter, Vanillemark und Salz aufkochen. Den Topf vom Herd nehmen, Mehl zur Milchmasse geben und die Masse mit einem Holzlöffel so lange rühren, bis sie sich vom Topfboden löst.

2 Die Masse in eine Schüssel geben und nach und nach die Eigelbe einrühren. Butter in der Omelettpfanne zerlassen. Eiweiße mit Zucker zu steifem Schnee schlagen und nach und nach mit der Masse vermengen.

3 Die Masse in eine Pfanne füllen und zum Rand hin etwas hinaufstreichen. Etwa 3 Minuten auf dem Herd anbacken, bis sie an der Unterseite eine goldgelbe Farbe bekommen hat.

4 Im vorgeheizten Backofen in 8 bis 10 Minuten fertig backen.

5 Für die Füllung Erdbeeren waschen, putzen und grob zerkleinern. Mit Zucker verrühren und 1 Minute aufkochen lassen. Mit Sherry oder Portwein abschmecken.

6 Über eine Hälfte des gebackenen Omeletts die Erdbeerfüllung verteilen und die andere Hälfte darüber klappen.

7 Für den Weinschaum Zucker mit den Eigelben schaumig rühren. Nach und nach Wein dazugeben und währenddessen die Masse über einem nicht zu heißen Wasserbad (da die Eier sonst stocken!) schaumig aufschlagen.

8 Das Omelett mit Puderzucker bestäuben. Den Weinschaum angießen und servieren.

Tipp des Konditors

Außerhalb der Erdbeersaison können Sie in das Kaiseromelett genauso gut Fruchtfüllungen aus Aprikosen, Sauerkirschen, Johannis- und Himbeeren oder Äpfeln geben.

Von Natur aus ist ein Hühnerei mindestens 21 Tage nach dem Legen mit einem natürlichen Schutz ausgestattet. Das Eiklar enthält Enzyme, die das Eindringen und die Vermehrung von Keimen verhindern. Auf Nummer sicher geht man, wenn man Eier im Kühlschrank aufbewahrt.

Das Kaiseromelett trägt seinen Namen nicht umsonst: Serviert in einem Bett aus Weinschaum wird es zum krönenden Abschluss für jedes festliche Menü.

Warme Süßspeisen

Geht schnell

Kirschschmarrn

Für 4 Portionen
500 g entsteinte frische Kirschen (oder aus dem Glas)
Butter für die Form
8 Eier
8 EL Zucker
2 1/2 EL Sahne
1 EL Sauerrahm
350 g Mehl
Puderzucker zum Bestäuben

⏲ 45 Minuten
ca. 30 Minuten Backzeit

Noch raffinierter schmeckt der Kirschschmarrn, wenn Sie den Teig mit etwa 1 Schnapsglas Kirschgeist aromatisieren.

1 Falls Kirschen aus dem Glas verwendet werden, diese in einem Sieb abtropfen lassen. Frische Kirschen waschen, Stiele entfernen und Früchte entsteinen.

2 Eine Auflaufform einfetten und den Backofen auf 175 °C (Umluft 155 °C, Gas Stufe 2–3) vorheizen.

3 Die Eier trennen. Eigelbe mit 3 Esslöffeln Zucker schaumig rühren. Sahne und Sauerrahm darunter mischen.

4 Mehl auf ein Stück Papier sieben und langsam in die Eiermischung einrieseln lassen. Vorsichtig rühren.

5 Eiweiße mit dem restlichen Zucker zu steifem Schnee schlagen und unter den Teig heben. Die Kirschen vorsichtig mit dem Teig vermengen.

6 Den Teig in die Auflaufform füllen. Im Backofen auf der mittleren Schiene etwa 30 Minuten backen.

7 Mit zwei Gabeln zerreißen und anrichten. Mit reichlich Puderzucker bestäuben und sofort servieren.

Tipp des Konditors

Halten Sie sich immer einen kleinen Vorrat an Kirschen im Glas. Sollten unvermutet Gäste ins Haus kommen, ist der Kirschschmarrn schnell zubereitet und wie viele Mehlspeisen als Hauptgericht oder zum Nachtisch geeignet.

Österreichische Köstlichkeit

Kaiserschmarrn

Für 4 Portionen
1/2 l Milch
300 g Mehl
4 Eier
1 Prise Salz
1 EL Zucker
100 g Rosinen
2 EL Butterschmalz
2 EL Butter
2 EL Zucker
2 EL Zimtzucker zum Bestreuen

⏲ 45 Minuten

Kaiserschmarrn

1 Milch und Mehl unter Rühren zu einem dicken Brei kochen. Erkalten lassen. Die Eier trennen. Eigelbe und Salz unterrühren.

2 Eiweiße mit Zucker zu steifem Schnee schlagen, unter den Milchbrei heben und die Rosinen darunter mischen.

3 In einer Pfanne 1 Esslöffel Butterschmalz erhitzen. Die Hälfte des Teigs in die Pfanne geben, den Deckel auflegen und backen, bis die Unterseite goldgelb ist.

4 Den Teig wenden, kurz anbraten lassen und mit zwei Gabeln grob zerreißen. Je 1 Esslöffel Butter und den Zucker zugeben und den Kaiserschmarrn darin rösten, bis der Zucker leicht karamellisiert. Den fertigen Kaiserschmarrn warm stellen. Mit der zweiten Hälfte des Teigs ebenso verfahren.

5 Den Kaiserschmarrn mit Zimtzucker bestreuen. Sofort servieren.

Tipp des Konditors

Streuen Sie die Rosinen erst auf den flüssigen Teig in der Pfanne. So sind sie »gerechter« verteilt.

Der Mehlspeisenklassiker par excellence: Kaiserschmarrn, bestäubt mit einem Hauch von Puderzucker.

Warme Süßspeisen

Mehlspeise aus Böhmen
Böhmische Kreppchen

Für 8–10 Kreppchen
50 g Mehl
20 g weiche Butter
2 Eier
1 Prise Salz
etwas Milch
2 EL Butter
100 g Konfitüre oder Kompott
1 EL geriebene Schokolade
1 EL Puderzucker

🕒 45 Minuten

Legen Sie die Schokoladentafel vor dem Raspeln kurz ins Gefrierfach. Leicht erkaltet lässt sie sich besser reiben.

1 Das Mehl in eine Schüssel sieben. Die Butter in kleinen Stückchen, Eier und Salz hinzufügen. Nach und nach so viel Milch hineinrühren, dass sich keine Mehlklümpchen bilden und ein dickflüssiger Teig entsteht.

2 In einer kleinen Pfanne Butter erhitzen und nach und nach mit dem Esslöffel zehn kleine Kreppchen in die Pfanne setzen, ausbacken und aus der Pfanne nehmen.

3 Mit Konfitüre füllen und zusammenrollen. Zuerst mit geriebener Schokolade bestreuen und dann mit Puderzucker bestäuben.

Tipp des Konditors

Wenn Sie Hefeteigfan sind, können Sie die Kreppchen statt aus Pfannkuchenteig auch aus dickflüssigem Hefeteig backen.

Leicht und luftig
Topfenauflauf

Für 2–4 Portionen
etwas Butter für die Form
2 EL Semmelbrösel
50 g Butter
6 EL Zucker
2 Eigelbe
200 g mehlig kochende Kartoffeln
200 g Magerquark
50 g Rosinen
2 Eiweiße
Puderzucker zum Bestreichen

🕒 45 Minuten
ca. 50 Minuten Backzeit

Topfenauflauf

1 Eine Auflaufform mit Butter ausstreichen und mit Semmelbröseln bestreuen. Den Backofen auf 180 °C (Umluft 160 °C, Gas Stufe 2–3) vorheizen.

2 Die Butter mit 4 Esslöffeln Zucker schaumig rühren. Die Eigelbe nach und nach darunter rühren.

3 Die Kartoffeln kochen, pellen und entweder fein reiben oder durch eine Kartoffelpresse drücken und mit dem Magerquark vermischen.

4 Die Rosinen unterheben. Eiweiße mit dem restlichen Zucker zu steifem Schnee schlagen und vorsichtig unter die Kartoffel-Quark-Masse ziehen.

5 Die Quarkmasse in die Auflaufform füllen und glatt streichen. Im Backofen auf der mittleren Schiene 45 bis 50 Minuten backen.

6 Mit Puderzucker bestäuben, portionieren und servieren.

Tipp des Konditors

Decken Sie den Auflauf nach etwa der Hälfte der Backzeit mit Alufolie ab, damit er nicht zu dunkel wird.

Quark und Rosinen sind wie hier beim Topfenauflauf eine altbewährte Kombination in Kuchen und Mehlspeisen.

Frisch gerieben oder gehackt schmecken Nüsse immer besser als die Nüsse, die es bereits gerieben und abgepackt zu kaufen gibt. Letztere können noch harte Schalenteile enthalten.

Warme Süßspeisen

Bei vielen Mehlspeisen umschreibt der Volksmund gern mit einem klingenden Namen ein ungewöhnliches Äußeres: So steckt der schwarze (Schokoladen-)Mohr im weißen (Milch-)Hemd.

Für Kinder und Erwachsene
Walnusspudding

Für 4–6 Portionen
etwas Butter für die Form
etwas Puderzucker zum Bestäuben
125 g Butter
3 Eigelbe
abgeriebene Schale von 1/2 unbehandelten Zitrone
20 g Vanillezucker
125 g Zucker
1 Päckchen Backpulver
1 Prise Jodsalz
375 g Mehl
1/4 l Milch
3 Eiweiße
75 g Walnüsse

🕐 30 Minuten
60 Minuten Garzeit

1 Eine Puddingform von 1 Liter Fassungsvermögen gut mit Butter ausstreichen und leicht mit Puderzucker bestäuben. In einem großen Topf ein Wasserbad vorbereiten.

2 Butter mit Eigelben schaumig rühren. Zitronenschale, Vanillezucker und 75 Gramm Zucker unterrühren.

3 Backpulver, Salz, Mehl und Milch glatt rühren und unter den Eischaum mischen.

4 Eiweiße mit dem restlichen Zucker zu steifem Schnee schlagen und auf die Masse gleiten lassen. Die Walnüsse mahlen, darüber streuen und mit Hilfe eines Schneebesens mit dem Eischnee unterheben.

5 Die Masse in die Puddingform füllen und die Form schließen. Die Form bis etwa 1 Hand breit unter dem Rand in das siedende Wasserbad stellen und auf dem Herd bei mittlerer Hitze in etwa 60 Minuten garen.

6 Den Pudding stürzen und mit Kompott oder einer Frucht- oder Dessertsauce servieren.

Heiß geliebt
Mohr im Hemd

Für 4–6 Portionen
etwas Butter für die Form
etwas Puderzucker zum Bestäuben
70 g Butter
4 Eigelbe
70 g geriebene Schokolade
70 g Mandeln
4 Eiweiße
70 g Zucker
Für den Vanilleschaum:
1/2 Vanilleschote
100 g Zucker
250 ml Milch
2 Eier

🕐 45 Minuten
60 Minuten Garzeit

Mohr im Hemd

1 Eine Puddingform mit 1 Liter Fassungsvermögen gut mit Butter ausstreichen und mit Puderzucker leicht bestäuben. In einem großen Topf ein Wasserbad vorbereiten.

2 Die Butter schaumig rühren. Die Eigelbe einzeln nacheinander zufügen. Die Schokolade reiben, die Mandeln mahlen und beides darunter rühren.

3 Eiweiße mit dem Zucker zu steifem Schnee schlagen und unter die Schokoladenmasse heben. Das Ganze in die Puddingform füllen und die Form schließen. Bis 1 Hand breit unter dem Rand in das siedende Wasserbad stellen und den Pudding auf dem Herd bei mittlerer Hitze in etwa 60 Minuten garen.

4 Die Vanilleschote mit Zucker und der Milch aufkochen. 10 Minuten ziehen lassen. Die Schote herausnehmen, längs aufschneiden, das Mark auskratzen und in die Milch geben. Die Schote entfernen. Die Eier schaumig rühren und die heiße Vanillemilch nach und nach unter heftigem Rühren, damit die Eier nicht stocken, hineingießen.

5 Den Pudding auf ein Platte stürzen und mit dem Vanilleschaum übergießen.

Fast zu schön, um unters Messer zu kommen – der Walnusspudding in Fruchtsauce.

Warme Süßspeisen

Gerade bei ihren Kindern werden Sie mit dieser preiswerten und leicht zubereiteten »Resteverwertung« immer große Begeisterung ernten.

Großmütters Rezept
Scheiterhaufen mit Äpfeln

Für 4–6 Portionen
1 EL Butter für die Form
6–8 altbackene Weißbrötchen
6 mittelgroße Äpfel
4 Eier
70 g Zucker
20 g Vanillezucker
1 Prise Jodsalz
1/2 l Milch
abgeriebene Schale von
1/2 unbehandelten Zitrone
100 g Rosinen
50 g Butter
1 EL Puderzucker

🕐 45 Minuten
ca. 45 Minuten Backzeit

1 Eine längliche ofenfeste Glasauflaufform mit Butter ausstreichen. Den Backofen auf 180 °C (Umluft 160 °C, Gas Stufe 2–3) vorheizen.

2 Brötchen in gleichmäßig dünne Scheiben schneiden.

3 Die Äpfel schälen, Kerngehäuse entfernen, Fruchtfleisch vierteln und in feine Scheiben schneiden.

4 Eier mit Zucker, Vanillezucker, Salz, Milch und Zitronenschale gut verrühren.

5 Die Hälfte der Brötchenscheiben gleichmäßig in die Form schichten und mit der Hälfte der Eiermilch begießen. Die Rosinen waschen und darüber streuen.

6 Über den Rosinen die Äpfel verteilen. Mit den restlichen Brötchenscheiben bedecken und die verbliebene Eiermilch darüber gießen.

7 Die Butter in kleine Stückchen schneiden und über die ganze Oberfläche verteilen.

8 Den Scheiterhaufen im Backofen auf der mittleren Schiene in 40 bis 45 Minuten goldgelb backen. Noch heiß mit Puderzucker bestäuben, portionieren und servieren.

Tipp des Konditors

Anstelle der Äpfel eignen sich ebenso Birnen, Kirschen oder Zwetschen als Füllung. Sie können den Scheiterhaufen außerdem verfeinern, indem Sie gehackte Nüsse und mehr Rosinen hinzufügen. Beliebt ist es auch, ihn mit einer Quarkmasse aus 500 Gramm Quark, 80 Gramm Zucker, 3 Eiern und etwas Zitronenschale zu ergänzen.

Verwenden Sie für den Scheiterhaufen möglichst säuerliche Äpfel wie den Boskop – sie entwickeln beim Backen ein ganz besonders feines Aroma.

Warme Süßspeisen

Köstlich im Winter
Dörrobsttaschen

Kaufen Sie nach Möglichkeit nur ungeschwefeltes Trockenobst wie auch Rosinen.

Für 4–6 Portionen
100 g gemischtes Dörrobst (Äpfel, Birnen, Zwetschen, Aprikosen)
4 cl Rum
2 Eier
1 TL Jodsalz
150 g Vollkornmehl
20 g Pistazien
20 g Mandeln
3 EL Preiselbeerkonfitüre
1 Eiweiß
1 TL Butter für die Pfanne
50 g Zucker
1/4 TL Zimtpulver

🕐 45 Minuten
15 Minuten Garzeit

1 Das Dörrobst mit dem Rum übergießen und etwa 30 Minuten einweichen.

2 Die Eier mit 1 Prise Salz und 3 Esslöffeln Wasser verrühren. Das Vollkornmehl nach und nach zufügen und zu einem glatten Teig verarbeiten. Mit einem Tuch bedecken und 20 Minuten zugedeckt ruhen lassen.

3 Den Teig dünn ausrollen und in Quadrate mit 8 bis 10 Zentimeter Kantenlänge schneiden.

4 Dörrobst zerkleinern. Pistazien und Mandeln grob hacken und zusammen mit dem Obst und der Preiselbeerkonfitüre gut vermischen. Von dieser Mischung mit einem Teelöffel ein kleines Häufchen auf jedes Teigquadrat setzen.

5 Eiweiß verquirlen und die Teigränder damit bestreichen. Quadrate zu Dreiecken zusammendrücken und die Taschen gut verschließen.

6 Die Taschen in leicht kochendes Salzwasser geben und 10 bis 15 Minuten ziehen lassen. Mit einem Schaumlöffel aus dem Wasser nehmen, abtropfen lassen und in wenig Butter in einer Pfanne anbraten.

7 Zum Schluss in Zimtzucker wälzen und eventuell mit Vanilleschaum (siehe Tipp) servieren.

Tipp des Konditors

Für den Vanilleschaum kochen Sie eine längs halbierte Vanilleschote in 1/4 Liter Milch und lassen sie 15 Minuten ziehen. Inzwischen schlagen Sie in einem Topf mit dem Quirl eine Schaummasse aus 2 Eiern und 100 Gramm Zucker. Bei schwacher Hitze unter ständigem Schlagen nach und nach die Milch hinzugießen, bis eine schaumige Masse entsteht.

Österreichisch-ungarisch

Zwetschenpavesen

Für 16–20 Stück
8 altbackene Brötchen
200 g Pflaumenmus
4 EL Butterschmalz zum Backen
5 Eier
1/4 l Milch
50 g Zimtzucker (50 g Zucker und 1/4 TL Zimtpulver)

🕐 45 Minuten

1 Von den Brötchen die Rinde abreiben, die Brötchen in 1 Zentimeter dicke Scheiben schneiden.

2 Die Scheiben mit Pflaumenmus bestreichen und jeweils 2 aufeinander legen.

3 Das Butterschmalz in einer großen Pfanne bei mittlerer Temperatur erhitzen.

4 Eier und Milch in einer flachen Schüssel verquirlen. Die gefüllten Brötchenscheiben darin wenden, dabei leicht vollsaugen lassen.

5 Die Scheiben (Pavesen) in der Pfanne auf beiden Seiten in 5 bis 6 Minuten goldgelb backen. Aus der Pfanne nehmen, abtropfen lassen und in Zimtzucker wälzen.

Die Zwetschenpavesen sind im Handumdrehen zubereitet und zum »Lunch« oder als Zwischenmahlzeit ideal geeignet.

Warme Süßspeisen

Nudeln einmal anders

Nudelauflauf mit Quark und Aprikosen

Süße Nudelaufläufe mit selbst gemachten breiten Bandnudeln gab es in der altböhmischen Küche in zahlreichen Variationen: mit Mohn, Nüssen, Quark, allen möglichen Sorten an Obst oder einer Rosinen-Sahne-Mischung.

Für 4–6 Portionen

300 g Aprikosen
1 EL Butter für die Form
600 ml Milch
1 Prise Jodsalz
250 g Bandnudeln
60 g Butter
250 g Quark
20 g Speisestärke
4 Eigelbe
15 g Vanillezucker
abgeriebene Schale von 1/2 unbehandelten Zitrone
4 Eiweiße
60 g Zucker

45 Minuten
60 Minuten Backzeit

1 Die Aprikosen mit kochendem Wasser überbrühen und die Haut mit einem kleinen Messer abziehen. Die Früchte halbieren, entsteinen und in schmale Spalten schneiden.

2 Eine Auflaufform mit Butter ausstreichen. Den Backofen auf 160 °C (Umluft 140 °C, Gas Stufe 1–2) vorheizen.

3 Milch mit Salz aufwallen lassen und die Nudeln darin weich kochen. Da die Nudeln die Milch völlig aufnehmen, ab und zu mit einem Holzlöffel umrühren, damit sie nicht am Topfboden ansetzen. Anschließend abkühlen lassen.

4 Die Butter zerlassen, Quark und Speisestärke darunter mischen. Eigelbe mit Vanillezucker und Zitronenschale schaumig rühren und mit der Quarkmasse vermischen. Eiweiße mit dem Zucker zu steifem Schnee schlagen und unterheben.

5 Zuerst die Quarkmischung unter die Nudeln rühren, dann die Aprikosenspalten darunter heben und das Ganze in die vorbereitete Auflaufform füllen.

6 Im Backofen auf der mittleren Schiene 55 bis 60 Minuten backen. Etwas abkühlen lassen und nach Belieben mit Aprikosensauce servieren.

Beliebt bei Kindern

Grießauflauf mit Früchten

Für 4 Portionen

1 EL Butter für die Form
1/4 l Milch
100 g Butter
1 Prise Salz
100 g Weizengrieß
4 Eigelbe
4 Eiweiße
3 EL Zucker
120 g Löffelbiskuits
200 g gemischte Beeren (Erdbeeren, Himbeeren, Heidelbeeren, Brombeeren)
1 EL Puderzucker

45 Minuten
45 Minuten Backzeit

Grießauflauf mit Früchten

1 Eine feuerfeste Auflaufform mit Butter ausstreichen. Den Backofen auf 180 °C (Umluft 160 °C, Gas Stufe 2–3) vorheizen.

2 Die Milch mit Butter und Salz erhitzen, den Grieß hineinstreuen und unter Rühren etwa 10 Minuten quellen, dann abkühlen lassen. Eigelbe darunter mengen. Eiweiße mit Zucker zu steifem Schnee schlagen und unter die Masse heben.

3 Die Hälfte der Masse in die Form füllen, zuerst mit den Löffelbiskuits und diese wiederum mit den Früchten belegen. Rasch arbeiten, denn die Biskuits weichen leicht durch.

4 Die restliche Masse auf die Früchte geben und glatt streichen.

5 Im Backofen auf der mittleren Schiene in 45 Minuten goldgelb backen. Den Grießauflauf mit Puderzucker bestäuben und servieren.

Tipp des Konditors

Im Winter, wenn keine frischen Beeren zu bekommen sind, können Sie auch tiefgefrorene Beerenmischungen verwenden. Lassen Sie die Früchte aber nur kurz antauen, da sie sonst zu viel Feuchtigkeit abgeben.

Dass Gerichte mit Grieß überhaupt nicht langweilig schmecken müssen, wird Ihnen diese Kombination von Grießauflauf und Beerenfrüchten beweisen.

Warme Süßspeisen

Der Energiegehalt der Haselnüsse ist wie bei allen Nusssorten sehr hoch. Der helle, meist rundliche Fruchtkern enthält 60 Prozent Öl. Geschälte Haselnüsse müssen innerhalb eines Jahres verbraucht werden, weil sie sonst ranzig werden.

Für die ganze Familie

Nussauflauf

Für 2–4 Portionen
etwas Butter für die Form
Semmelbrösel zum Ausstreuen
2 altbackene entrindete Brötchen
120 ml Milch
1 Apfel
50 g Preiselbeerkompott
Für die Nussmasse:
80 g weiche Butter
abgeriebene Schale von
1/2 unbehandelten Zitrone
1 Prise Zimt
4 Eigelbe
4 Eiweiße
80 g Zucker
100 g Haselnüsse
20 g Mehl
1 EL Puderzucker

⏲ 45 Minuten
45–60 Minuten Backzeit

1 Eine Auflaufform mit Butter ausstreichen und mit Semmelbröseln bestreuen. Den Backofen auf 170 °C (Umluft 150 °C, Gas Stufe 2) vorheizen.

2 Die Brötchen in sehr dünne Scheiben schneiden, auf einen Teller legen und mit Hilfe eines Pinsels mit der Milch bestreichen; 10 Minuten ziehen lassen.

3 Die Hälfte der Brötchenscheiben in die Form legen. Den Apfel schälen, vierteln und das Kerngehäuse entfernen. Die Apfelviertel blättrig schneiden und gleichmäßig über die Brötchenscheiben verteilen.

4 Das Preiselbeerkompott darüber verteilen und mit den restlichen Brötchenscheiben vollständig bedecken.

5 Für die Nussmasse die Butter mit Zitronenschale und Zimt schaumig rühren. Eigelbe nach und nach dazugeben. Eiweiße mit dem Zucker zu steifem Schnee schlagen.

6 Eischnee unter die Ei-Butter-Masse ziehen. Haselnüsse mahlen, mit dem Mehl vermengen und löffelweise in die Eiermasse rühren.

7 Die Nussmasse gleichmäßig über die Apfel-Brötchen-Masse gießen. Im Backofen bei 170 °C (Umluft 150 °C, Gas Stufe 2) auf der mittleren Schiene etwa 45 bis 60 Minuten backen.

8 Den Auflauf nach dem Erkalten mit Puderzucker bestäuben, portionieren und servieren.

Köstlich im Sommer

Reisauflauf mit Kirschen

Für 4–6 Portionen
etwas Butter für das Blech
Semmelbrösel zum Ausstreuen
250 g Milchreis
etwa 1/2 l Milch
3 EL Weißwein
6 EL Zucker
1 EL Butter
50 g Rosinen
3 Eier
1 TL Backpulver
500 g entsteinte schwarze Kirschen oder Weichseln (bei Weichseln die doppelte Zuckermenge)
1 EL Puderzucker

60 Minuten
ca. 50 Minuten Backzeit

1 Ein tiefes Backblech mit der Butter ausstreichen und mit den Semmelbröseln bestreuen. Den Backofen auf 175 °C (Umluft 155 °C, Gas Stufe 2–3) vorheizen.

2 Den Reis waschen, abtropfen lassen und in einer Mischung aus Milch, Weißwein und 2 Esslöffeln Zucker in etwa 25 Minuten weich kochen. Ab und zu umrühren und bei Bedarf etwas Milch nachgießen. Die Reismasse in eine Schüssel geben und etwas auskühlen lassen.

3 Die weiche Butter mit 1 Esslöffel Zucker und den Rosinen vermengen. Eier trennen, Eigelbe und Backpulver darunter rühren.

4 Eiweiße mit dem restlichen Zucker zu steifem Schnee schlagen und unter die Buttermasse heben. Diese mit der Reismasse vermischen.

5 Die Reismasse auf das Blech streichen und mit den Kirschen belegen. Nach Belieben etwas zuckern.

6 Im Backofen auf der mittleren Schiene in 45 bis 50 Minuten goldgelb backen. Mit Puderzucker bestäuben und servieren.

Die rotbraunen Weichseln sind unter den Sauerkirschen die saureren kleinen Schwestern der bekannten dunkelrot-süßsauren Morellen oder Schattenmorellen.

Tipp des Konditors

Sie können den Auflauf auch mit Grieß, Haferflocken, Polenta oder Gerste zubereiten und die Kirschen durch Äpfel oder Aprikosen ersetzen.

Schmalzgebäck

Außen süß und knusprig, innen luftig-locker – wenn der Duft von frisch gebackenem Schmalzgebäck die Wohnung durchzieht, kann kaum einer widerstehen. Aber nicht nur die berühmten Faschingskrapfen oder die »Auszognen« gehören zum festen Bestandteil der österreichischen Mehlspeisenküche. Auch Ausgefalleneres wie Schürzkuchen, Schmalzbrezen und Rumkringel werden Sie im folgenden Kapitel kennen lernen – und von ihren Verführungskünsten begeistert sein.

Schmalzgebäck

Süddeutsch

Schürzkuchen

Durch ihre ungewöhnliche Form erhalten die Schürzkuchen eine besonders große, knusprig-krosse Oberfläche. Die Mühe lohnt sich!

Für ca. 24 Teilchen
50 g Butter
400 g Mehl
1/2 TL Jodsalz
100 g Schlagsahne
1 Würfel Hefe (42 g)
90 g Zucker
2 Eier
1 TL abgeriebene Schale von 1 unbehandelten Zitrone
Mehl zum Ausformen
2–3 kg Butterschmalz zum Ausbacken
Puderzucker zum Bestäuben

🕐 75 Minuten
ca. 50 Minuten Ruhezeit

1 Die Butter bei niedriger Temperatur schmelzen und mit Mehl und Salz in eine Schüssel geben.

2 Die Sahne etwas erwärmen und mit Hefe, Zucker, Eiern sowie Zitronenschale verrühren.

3 Die Eiersahne zu der Mehlmischung gießen und alles mit den Knethaken so lange schlagen, bis sich der Teig vom Rand löst. Mit einem Tuch bedecken und an einem warmen Ort 30 bis 40 Minuten aufgehen lassen, dann durchkneten.

4 Die Hälfte des Teigs auf einer bemehlten Arbeitsfläche etwa 1 Zentimeter dick ausrollen. Mit dem Teigrädchen Rauten mit 6 Zentimetern Kantenlänge ausrädeln.

5 In die Mitte jeder Raute eine längliche Öffnung schneiden und eine lange Teigspitze vorsichtig durchziehen. Die Teilchen mit einem Tuch bedecken und nochmals 10 Minuten gehen lassen.

6 Das Butterschmalz auf 180 °C erhitzen und jeweils drei bis vier Teilchen in 6 Minuten goldbraun ausbacken. Das Schmalzgebackene auf Küchenpapier abtropfen lassen.

7 Nach dem Erkalten mit Puderzucker bestäuben und servieren.

Schürzkuchen formen

1 Den Teig etwa 1 Zentimeter dick ausrollen und Rauten ausrädeln.

2 In die Mitte der Raute mit einem Messer eine Öffnung schneiden.

3 Ein längliches Ende durchziehen und die Teilchen nochmals gehen lassen.

Gebackene Schupfnudeln

Schwäbisch

Gebackene Schupfnudeln

Für 4 Portionen
1 kg mehlig kochende Kartoffeln
1/2 TL Jodsalz
2 Eier
ca. 100 g Mehl
2 EL Butterschmalz zum Ausbacken
100 g Konfitüre

⏱ 55 Minuten

1 Kartoffeln mit der Schale in wenig Salzwasser weich kochen, kurz abkühlen lassen, schälen und durch die Kartoffelpresse drücken.

2 Die noch warme Kartoffelmasse mit den Eiern und so viel Mehl verkneten, dass ein kompakter, nicht klebriger Teig entsteht.

3 Von dem Teig gut walnussgroße Stücke abtrennen und auf einer bemehlten Arbeitsfläche zu länglichen Nudeln, die an den Enden spitz zulaufen, rollen.

4 Butterschmalz in einer beschichteten Pfanne erhitzen. Schupfnudeln portionsweise darin ausbacken. Die Konfitüre erwärmen.

5 Die Schupfnudeln noch heiß in Konfitüre tunken, sofort servieren.

Knusprig-kross und goldgelb in der Farbe – so müssen die Schupfnudeln sein!

Schmalzgebäck

Butterschmalz eignet sich hervorragend zum Frittieren von Schmalzgebackenem. Nach dem Gebrauch gefiltert, kann es je nach Ausbackmenge 1 bis 2 Monate verwendet werden.

Köstlich

Böhmische Rumkringel

Für 30–35 Teilchen
500 g Mehl
1/4 l lauwarme Milch
30 g Hefe
100 g Zucker
1 Prise Jodsalz, 2 Eier
80 g zerlassene Butter
abgeriebene Schale von
1/2 unbehandelten Zitrone
Mehl für die Arbeitsfläche
2–3 kg Butterschmalz
zum Ausbacken
Für die Rumglasur:
2 Eiweiße
250 g Puderzucker
2 EL Rum

🕐 75 Minuten
55 Minuten Ruhezeit

1 Das Mehl in eine Schüssel sieben und in die Mitte eine kleine Vertiefung drücken.

2 Von der Milch 3 bis 4 Esslöffel in eine Tasse geben und die Hefe darin mit 3 Teelöffeln Zucker auflösen.

3 Die aufgelöste Hefe in die Mehlmulde gießen und mit einem Viertel des Mehls vermischen. Die Schüssel mit einem Tuch bedecken und den Vorteig an einem warmen Ort 15 bis 20 Minuten gehen lassen.

4 Die restlichen Zutaten dazugeben und mit einem Kochlöffel kräftig schlagen, bis sich der Teig vom Schüsselrand löst. Mit einem Tuch bedecken und 15 bis 30 Minuten bis zum Doppelten des Volumens aufgehen lassen.

5 Erneut durchkneten. Auf einer bemehlten Arbeitsfläche fingerdick ausrollen und mit Ringausstechern von jeweils 8 Zentimeter und 3 Zentimeter Durchmesser Ringe ausstechen. Sie sollten etwa so groß wie Krapfen sein.

6 Die Kringel auf eine mit Mehl bestäubte Unterlage legen, mit einem Tuch abdecken und erneut 30 Minuten aufgehen lassen.

7 In einem weiten Topf Butterschmalz auf 175 °C erhitzen. Kringel mit der Oberseite nach unten in das heiße Fett legen und schwimmend von beiden Seiten 5 bis 6 Minuten goldgelb ausbacken.

8 Mit einem Schaumlöffel herausnehmen, auf Küchenpapier abtropfen lassen.

9 Für die Glasur Eiweiße mit Puderzucker schaumig rühren und den Rum dazugeben. Die noch warmen Kringel damit überziehen.

Tipp des Konditors

Variieren Sie dieses Rezept, indem Sie den Rum durch andere Aromen ersetzen, z. B. Zitronensaft, Kaffee oder Schokolade.

An den appetitlichen Hefeteigringen mit der schneeweißen Glasur aus Puderzucker und Rum kann niemand vorübergehen.

Schmalzgebäck

Fränkisch
Schneebälle

Für 12–15 Teile
400 g Mehl
1 Prise Jodsalz
3 EL Zucker
20 g Vanillezucker
3 Eier
50 g Butter
2 EL Sahne
2 EL Arrak
Mehl für die Arbeitsfläche
2–3 kg Butterschmalz zum Ausbacken
2 EL Puderzucker

🕐 **60 Minuten**
ca. 40 Minuten Kühlzeit

1 Für den Mürbeteig Mehl mit Jodsalz, Zucker, Vanillezucker, Eiern, Butter, Sahne sowie Arrak in die Schüssel der Küchenmaschine geben und etwa 1 Minute mit dem Knethaken vermengen.

2 Die Zutaten mit kühlen Händen rasch zusammenkneten. Aus dem Teig drei gleich große Kugeln formen, flach drücken und in Folie verpackt etwa 40 Minuten in den Kühlschrank legen.

3 Butterschmalz in einem hohen Topf auf 175 °C erhitzen. Die Mürbeteigkugeln jeweils nacheinander auf einer bemehlten Unterlage oder zwischen zwei Lagen Klarsichtfolie zu etwa 6 Millimeter dicken Teigplatten ausrollen.

4 Mit Hilfe eines Glases Plätzchen mit 10 bis 12 Zentimeter Durchmesser ausstechen. Im Abstand von gut 1 Zentimeter mit einem Teigrädchen etwa fünf parallele Einschnitte in die Plätzchen machen. Dabei darauf achten, dass rundherum ein mindestens 1 Zentimeter breiter Rand stehen bleibt.

5 Einen Kochlöffelstiel so durch die Einschnitte stecken, dass ein Webmuster entsteht (den einen Streifen auffassen, den anderen liegen lassen). Den Kochlöffel vorsichtig wieder herausziehen, so dass der Hohlraum erhalten bleibt.

6 Das Gebäck 3 bis 4 Minuten im heißen Butterschmalz goldgelb ausbacken. Die Schneebälle auf einem Gitter abtropfen lassen und auf Küchenpapier legen. Mit Puderzucker bestäuben.

Tipp des Konditors

Die richtige Hitze des Backfetts ist sehr wichtig. Ist sie zu gering, wird das Gebäck fettig und zäh, bei zu großer Hitze verbrennt es. Wenn Sie kein Thermometer haben, um die Temperatur des Butterschmalzes zu prüfen, können Sie auch vorneweg ein Teigstückchen in das Fett geben. Das Fett ist heiß genug, wenn sich um den Teig Bläschen bilden. Das Teigstückchen soll nur allmählich bräunen, sonst ist das Fett zu heiß und das Gebäck kann nicht aufgehen.

Schneebälle

1 Aus dem Teig mit einem Glas Plätzchen von 10 Zentimeter Durchmesser ausstechen.
2 In die Teigkreise fünf parallele Einschnitte einradeln.
3 Einen Kochlöffelstiel zwischen den Teigstreifen durchschieben.

Schmalzbrezeln in Zimtzucker

Süddeutsch

Schmalzbrezeln

Für 25–30 Brezeln
1 Tasse Milch, 50 g Hefe
750 g Mehl, 120 g Butter
80 g Zucker, 1 Prise Jodsalz
2 Eier, 2 Eigelbe
2–3 kg Butterschmalz
2 EL Zimtzucker

🕐 90 Minuten

1 Die Hefe zerbröckeln und mit der Milch und 150 Gramm Mehl vermengen. 10 Minuten gehen lassen.

2 Butter, Zucker und Salz mit den Eiern und den Eigelben verrühren. Den Vorteig und die Eimasse mit dem restlichen Mehl zu einem glatten Teig kneten. Zugedeckt 10 Minuten ruhen lassen.

3 Den Teig in 60 Gramm schwere Stücke teilen. Daraus fingerdicke Teiglinge ausrollen, Brezeln daraus formen und zugedeckt 20 Minuten gehen lassen.

4 Das Butterschmalz in einem hohen Topf auf 175 °C erhitzen. Die Brezeln darin schwimmend 8 Minuten goldgelb backen und noch warm in Zimtzucker wälzen.

Brezeln sind bei Kindern immer beliebt – ob salzig oder süß wie diese Schmalzbrezel.

Zimt, aus der Rinde des Zimtlorbeerbaums, ist eines der ältesten Gewürze der Welt und darf bei fast keiner Mehlspeise fehlen. Er ist als Zimtstange oder gemahlen als Pulver erhältlich.

Schmalzgebäck

Reichen Sie die Apfelkrapfen als Dessert mit einer Kugel Vanilleeis und etwas Schlagsahne – Ihre Gäste werden hingerissen sein.

Köstlich bei Schnee

Gebackene Apfelkrapfen

Für 20–25 Krapfen
8 große Kochäpfel (z. B. Boskop)
2 EL Rum
2 EL Zucker

Für den Brandteig:
1/8 l Weißwein
1 EL Zucker
1 Prise Jodsalz
1 EL Butter
120 g Mehl
3 Eigelbe
1–2 kg Butterschmalz zum Ausbacken
40 g Puderzucker oder Zimtzucker

🕐 **60 Minuten**

1 Die Äpfel waschen, schälen und das Kerngehäuse mit einem Ausstecher vorsichtig ausstechen. Die Früchte in nicht zu dünne, 1 bis 2 Zentimeter dicke Scheiben schneiden, mit Rum befeuchten und mit Zucker bestreuen. Aufeinander legen und ab und zu wenden.

2 In einem Topf Wein mit Zucker, Jodsalz und Butter aufkochen. Mehl auf einmal hineinschütten und rühren, bis sich der Teig als Kloß vom Boden löst.

3 Den Teig sofort in eine Schüssel umfüllen und abkühlen lassen. Eigelbe nacheinander einrühren.

4 Reichlich Butterschmalz in einer tiefen Pfanne erhitzen. Apfelringe mit Teig umhüllen und im heißen Schmalz in einigen Minuten auf beiden Seiten goldbraun ausbacken.

5 Auf Küchenpapier kurz abtropfen lassen und entfetten. Noch heiß mit Puderzucker bestäuben oder in Zimtzucker wenden.

Klassisch

Spritzkuchen

Für 20 Teilchen
230 ml Milch
170 g Butter
10 g Zucker
1 Prise Jodsalz
180 g Mehl
5 Eier
Pergamentpapier
etwas Butter zum Einfetten
1–2 kg Butterschmalz zum Ausbacken
40 g Zimtzucker
2 EL Puderzucker

🕐 **50 Minuten**

1 In einem Topf Milch mit Butter, Zucker und Salz aufkochen.

Spritzkuchen

2 Mehl auf einmal zugeben und mit einem Holzlöffel so lange rühren, bis sich die Masse vom Topf löst. Sofort in eine Schüssel umfüllen und abkühlen lassen. Die Eier nacheinander einrühren.

3 Aus Pergamentpapier 15 Zentimeter große Quadrate schneiden (20 Stück). Mit flüssiger Butter bestreichen. Kurz in den Kühlschrank legen, damit die Butter fest wird.

4 Den Teig in einen Spritzbeutel mit großer Sterntülle füllen und jeweils einen Kranz von etwa 10 Zentimetern Durchmesser auf die Papiere spritzen.

5 Das Butterschmalz auf 170 °C erhitzen. Jeweils ein Papier mit beiden Händen fassen. Die Spritzkuchen kleben daran. Das Papier mit den Spritzkuchen nach unten auf das Fett senken und dabei das Papier langsam abziehen.

6 Die Kränze im Fett Farbe nehmen lassen, umdrehen und fertig backen.

7 Die Spritzkuchen herausheben, und auf Küchenpapier abtropfen lassen.

8 Die Spritzkuchen noch heiß in Zimtzucker wälzen, abkühlen lassen und mit Puderzucker bestäuben.

Die Spritzkuchen werden wie alles Schmalzgebäck ganz frisch, am besten noch leicht warm gegessen.

Schmalzgebäck

Für Butterschmalz wurde der Butter durch Erhitzen ihre Wassermenge weitgehend entzogen. Sein Fettgehalt beträgt 99,8 Prozent (Butter: 80 Prozent). Dadurch verbrennt und spritzt Butterschmalz auch bei sehr hohen Temperaturen nicht.

Klassisch
Weinbrandkissen

Für 25–30 Stück
- 400 g Mehl
- 2 TL Backpulver
- 1 Prise Jodsalz
- 3 EL Zucker, 2 Eier
- 75 g Butter
- 2–3 EL Sahne
- 4 EL Weinbrand
- 1 TL abgeriebene Schale von 1 unbehandelten Zitrone
- Mehl für die Arbeitsfläche
- 2 kg Butterschmalz zum Ausbacken
- 2 EL Puderzucker

⏱ 45 Minuten
40 Minuten Kühlzeit

1 Mehl, Backpulver, Salz, Zucker, Eier, Butter, Sahne, Weinbrand und Zitronenschale in die Schüssel einer Küchenmaschine geben und mit dem Rührbesen vermengen.

2 Den Teig mit kühlen Händen leicht kneten und drei Kugeln daraus formen. Einzeln in Folie verpacken und 40 Minuten kalt stellen.

3 Jeweils eine Teigkugel auf einer bemehlten Unterlage etwa 1 Zentimeter dick ausrollen und daraus Quadrate mit etwa 4 bis 6 Zentimeter Kantenlänge ausrädeln.

4 Das Butterschmalz in einem hohen Topf auf 180 °C erhitzen und die Teilchen darin schwimmend ausbacken.

5 Die Weinbrandkissen aus dem Fett herausheben, auf einem Gitter abtropfen lassen und mit Küchenpapier abtupfen.

6 Die Weinbrandkissen erkalten lassen und mit Puderzucker bestäubt servieren.

Tipp des Konditors

Frisch gebacken schmeckt Schmalzgebäck immer am besten. Es sollte jedoch nicht heiß gegessen werden. Das könnte Sodbrennen hervorrufen.

Großmutters Rezept
Rosinenkrapfen

Für 25–30 Krapfen
- 200 g Mehl
- 10 g Hefe
- 1/8 l lauwarme Milch
- 40 g Zucker
- 1 Prise Jodsalz
- 2 Eigelbe
- 40 g zerlassene Butter
- 20 g Rosinen
- 2 kg Butterschmalz zum Ausbacken
- 40 g Puderzucker oder Zimtzucker

⏱ 60 Minuten
55 Minuten Ruhezeit

1 Das Mehl in eine Schüssel sieben und in die Mitte eine Vertiefung drücken. Hefe in 2 Esslöffeln Milch

Rosinenkrapfen

und 1 Teelöffel Zucker auflösen, in die Mehlmulde gießen und mit etwas Mehl vermischen.

2 Die Schüssel mit einem Tuch bedecken und den Vorteig an einem warmen Ort 15 Minuten gehen lassen.

3 Die Milch, den restlichen Zucker, Salz, Eigelbe, Butter und Rosinen zum Vorteig geben und alles mit einem Holzlöffel kräftig schlagen, bis sich der Teig vom Schüsselrand löst.

4 Den Teig erneut zudecken und in 15 bis 30 Minuten zum doppelten Volumen aufgehen lassen.

5 In einem breiten Topf mit hohem Rand reichlich Butterschmalz auf 175 °C erhitzen. Den Teig noch einmal durchkneten.

6 Mit Hilfe von zwei Teelöffeln vom Teig Nocken abstechen, in das heiße Fett gleiten lassen und ausbacken. Eventuell einmal umdrehen, damit die Krapfen von beiden Seiten goldgelb werden. Den Topf dabei immer wieder rütteln.

7 Die gebackenen Rosinenkrapfen auf Küchenpapier heben, abtropfen lassen und entfetten. Noch warm mit Puderzucker bestäuben oder in Zimtzucker wälzen.

Anstelle von Marmelade warten im Inneren der Rosinenkrapfen – nomen est omen – Rosinen als Füllung.

Schmalzgebäck

Klassisch
Faschingskrapfen

Tipp des Konditors

Anstelle von Aprikosen- können Sie die Krapfen auch mit Hagebuttenmarmelade füllen. Traditionell wird zu Fasching in einen Krapfen als »Preis« eine Mandel gesteckt – Ihre Kinder werden sie mit Begeisterung suchen.

Für 30–40 Krapfen

220 ml Milch
80 g Hefe
1 kg Mehl
100 g Zucker
3 Eier, 6 Eigelbe
220 g Butter
100 ml Rum
15 g Vanillezucker
20 g Jodsalz
abgeriebene Schale von 1/2 unbehandelten Zitrone
Mehl zum Bestäuben
2–3 kg Butterschmalz zum Ausbacken
500 g Aprikosenkonfitüre
80 g Puderzucker

⏱ **90 Minuten**
55 Minuten Ruhezeit

1 Für den Vorteig Milch erwärmen. In eine Schüssel gießen, die Hefe dazugeben und auflösen.

2 200 Gramm Mehl und 1 Esslöffel Zucker dem Vorteig hinzufügen und diesen Teig kurz kräftig schlagen. Die Schüssel mit einem Tuch bedecken und den Vorteig 15 bis 20 Minuten bis zum doppelten Volumen aufgehen lassen.

3 Eier und Eigelbe mit Butter, Rum, restlichem Zucker, Vanillezucker, Salz und Zitronenschale verrühren.

4 Das restliche Mehl in eine Schüssel sieben und in die Mitte eine Vertiefung drücken. Vorteig und Eimischung zufügen und zu einem glatten Teig kneten. Den Teig zugedeckt 15 bis 30 Minuten an einem warmen Ort aufgehen lassen.

5 Den Teig noch einmal durchkneten, in etwa 50 Gramm schwere Stücke teilen und diese zu Kugeln formen. Auf ein mit Mehl bestäubtes Tuch legen, mit einem zweiten Tuch abdecken und weitere 15 Minuten an einem warmen Ort aufgehen lassen.

6 Ausbackfett in einem hohen Topf oder in der Fritteuse auf 175 °C erhitzen. Die Kugeln vorsichtig vom Tuch nehmen und nacheinander mit der Oberseite nach unten in das heiße Fett legen.

7 Topf oder Fritteuse schließen. Nach etwa 3 Minuten die Krapfen drehen (mit einem Holzlöffel) und bei offenem Topf die Unterseite ebenso lange backen. Krapfen wieder drehen und die Oberseite nochmals 2 Minuten backen. Die frittierten Krapfen auf ein Kuchengitter setzen und abtropfen lassen.

8 Die Aprikosenkonfitüre mit einem Spritzbeutel in die noch heißen Krapfen füllen. Abkühlen lassen und mit Puderzucker bestäuben.

Fränkisch
Ausgezogene Hefekrapfen

Für 15–20 Krapfen

1/8 l Milch
25 g Hefe
500 g Mehl
2 Eigelbe
1 Ei
90 g Butter
80 g Zucker
5 g Salz
abgeriebene Schale von
1 unbehandelten Zitrone
2–3 kg Butterschmalz
zum Ausbacken
100 g Zimtzucker (100 g Zucker
und 1/2 TL Zimtpulver)

🕐 90 Minuten
55 Minuten Ruhezeit

1 Für den Vorteig Milch erwärmen und in eine große Schüssel gießen. Zerbröckelte Hefe dazugeben und auflösen.

2 Etwa 150 Gramm Mehl hineinrühren und diesen weichen Teig kurz kräftig schlagen. Die Schüssel mit einem Tuch bedecken und den Vorteig 15 bis 20 Minuten bis zum doppelten Volumen aufgehen lassen.

3 Eigelbe, Ei, Butter, Zucker, Salz und Zitronenschale mischen und verrühren.

4 Restliches Mehl in eine Schüssel sieben und in die Mitte eine Vertiefung drücken. Vorteig und Eimischung zufügen und alles zu einem glatten Teig kneten. Zugedeckt 15 bis 30 Minuten gehen lassen.

5 Den Teig noch einmal durchkneten, in etwa 40 Gramm schwere Stücke teilen und diese zu Kugeln formen.

6 Die Mitte jeder Kugel eindrücken, nochmals auf ein leicht bemehltes Tuch setzen, zudecken und 10 Minuten gehen lassen.

7 Teiglinge gleichmäßig nach allen Seiten ausziehen, so dass jeweils eine deutliche Vertiefung mit dünnem Boden, der nicht reißen darf, entsteht.

8 Butterschmalz auf 175 °C erhitzen und alle Teiglinge schwimmend von beiden Seiten darin backen.

9 Kurz auf einem Kuchengitter abtropfen lassen und noch heiß in Zimtzucker wälzen.

Frische Hefe erkennt man an ihrer hellgrauen Farbe und ihrer geschmeidigen Konsistenz. Zeigt sie Risse und ist dunkel verfärbt, hat sie ihre Triebkraft stark eingebüßt und kann nicht mehr verwendet werden.

Kuchen und Gebäck

Selbstverständlich kommen auch die Anhänger des klassischen Kuchens auf ihre Kosten, wenn Mehlspeisen auf dem Speiseplan stehen. Ob aus Hefe- oder Rührteig oder ganz ohne Mehl, ob auf dem Blech, in der Kasten- oder in der Gugelhupfform gebacken, ob eher traditionell mit Äpfeln oder ungewöhnlich mit Möhren, Rotwein oder Trockenfrüchten – in der österreichischen Backstube war und ist für jeden Geschmack etwas geboten.

Gutes für jeden Tag

Hefegugelhupf

Für 14 Stücke
etwas Butter für die Form
Semmelbrösel zum Ausstreuen
400 g Mehl
1/8 l Milch
30 g Hefe
120 g Zucker
150 g Butter
3 Eigelbe
1 Prise Jodsalz
3 Eiweiße
50 g Rosinen
Puderzucker zum Bestäuben

🕐 60 Minuten
ca. 50 Minuten Backzeit

Der Name »Gugelhupf« ist schon über 300 Jahre alt und meint so viel wie Kapuze (»Gugel«) aus Hefe(teig) (»Hupf«).

1 Eine Gugelhupfform (22 Zentimeter Durchmesser) sehr sorgfältig mit Butter bestreichen und mit Semmelbröseln ausstreuen.

2 Das Mehl in eine Schüssel sieben und in die Mitte eine Vertiefung drücken. Die Milch lauwarm erwärmen, und die Hefe mit 2 Teelöffeln Zucker darin auflösen. Hefemilch in die Mehlmulde gießen und mit einem Viertel des Mehls vermischen.

3 Die Schüssel mit einem Tuch bedecken und den Vorteig an einem warmen Ort etwa 15 Minuten gehen lassen.

4 Butter schaumig rühren und nacheinander Eigelbe, 2 Esslöffel Zucker und Salz untermischen.

5 Eiweiße mit restlichem Zucker zu Schnee schlagen und unter die Buttermischung ziehen.

6 Die Eimasse zum Vorteig in die Schüssel geben, mit Mehl vermischen und den Teig kräftig schlagen, bis er sich vom Schüsselrand löst.

7 Den Teig erneut zugedeckt 20 bis 30 Minuten gehen lassen, bis er das doppelte Volumen hat.

8 Rosinen unter den Teig kneten und diesen in die Form füllen. Zugedeckt nochmals 10 Minuten gehen lassen.

9 Den Gugelhupf im Backofen auf der untersten Schiene bei 200 °C (Umluft 180 °C, Gas Stufe 3–4) in 45 bis 50 Minuten goldgelb backen (Nadelprobe, siehe Tipp Seite 82).

10 Auf ein Kuchengitter stürzen, noch heiß mit Puderzucker bestäuben und abkühlen lassen.

Tipp des Konditors

Eine hübsche Dekoration erhält der Gugelhupf, wenn Sie die gebutterte Form anstelle der Semmelbrösel mit blättrig geschnittenen Nüssen oder Mandeln ausstreuen. Für einen festlichen Anlass können Sie ihn durch Zugabe von mehr Rosinen, 100 Gramm gehackten Mandeln, je 50 Gramm Zitronat und Orangeat und etwas Rum anreichern.

International

Nusskuchen

Für 24 Stücke
8 Eigelbe
240 g Zucker
1 Päckchen Vanillezucker
8 Eiweiße
250 g gemahlene Haselnüsse
60 g Mehl, 1 TL Backpulver
150 g Rosinen

🕐 90 Minuten

1 Den Backofen auf 180 °C (Umluft 160 °C, Gas Stufe 2–3) vorheizen. Eigelbe mit 80 Gramm Zucker und Vanillezucker schaumig rühren. Eiweiße mit dem restlichen Zucker zu Schnee schlagen und mit der Eigelbmasse mischen. Nüsse, Mehl und Backpulver zur Eimasse geben, zuletzt die Rosinen unterheben.

2 Ein tiefes Blech mit Backpapier auslegen und die Masse darauf gleichmäßig verteilen. Den Kuchen im Backofen auf der mittleren Schiene etwa 60 Minuten backen.

3 Kuchen auf ein Gitter stürzen und sofort das Papier abziehen. Kuchen auskühlen lassen und in zwölf Quadrate, dann diagonal in je zwei Dreiecke schneiden.

Durch seine ungewöhnliche Form erhält der Gugelhupf eine möglichst große, goldgelbe Krustenoberfläche.

Tipp des Konditors

Das Backpapier auf dem Kuchen lässt sich besser abziehen, wenn man kurz ein feuchtes Tuch darüber legt.

Kuchen und Gebäck

Tipp des Konditors

Wenn Sie mehr Lust auf etwas Leichtes haben, können Sie dieses Rezept auch ohne Marzipanmasse zubereiten und dem Teig als Ersatz etwas Mandelaroma oder Amaretto hinzufügen. Das Ergebnis ist ein lockerfruchtiger Streuselkuchen mit Kirschen.

Altbewährtes aus Großmutters Rezepteschatzkiste: Der Streuselkuchen mit Kirschen.

Für Leckermäuler

Streuselkuchen mit Kirschen

Für 12 Stücke
Für den Teig:
400 g Mehl
180 ml Milch
50 g Zucker
6 g Vanillezucker
1 Prise Jodsalz
1 Ei
60 g Butter
abgeriebene Schale von 1/4 unbehandelten Zitrone
20 g Hefe
Für die Butterstreusel:
200 g Mehl
150 g Zucker
150 g Butter
5 g Vanillezucker
1 Prise Jodsalz
1 Messerspitze Zimtpulver
Für die Marzipanmasse:
300 g Marzipanrohmasse
120 g weiche Butter
1 Ei
50 g Mehl
5 g Vanillezucker
1 Prise Jodsalz
800 g entsteinte Kirschen
1 EL Puderzucker

🕒 120 Minuten
45 Minuten Ruhezeit

1 Mehl auf die Arbeitsplatte sieben. Die Milch lauwarm erwärmen und die Hälfte mit Zucker, Vanillezucker, Jodsalz, Ei, flüssiger Butter und Zitronenschale verrühren.

2 Die Hefe in der zweiten Hälfte der Milch auflösen. Beide Milchmischungen mit Mehl zu einem Teig vermengen. Den Teig zu einer Kugel formen, mit Folie bedecken und 10 bis 15 Minuten ruhen lassen.

3 Für die Butterstreusel Mehl auf eine Arbeitsplatte sieben und den Zucker darüber streuen. Butter in kleinen Stückchen dazugeben, Vanillezucker, Jodsalz und Zimt zufügen.

4 Alle Zutaten mit den Händen krümelig verreiben und für 30 Minuten kalt stellen. Den Backofen auf 180°C (Umluft 160 °C, Gas Stufe 2–3) vorheizen.

5 Den Teig auf bemehlter Arbeitsfläche in Blechgröße (etwa 30 x 40 Zentimeter) ausrollen, auf das Backblech legen, mit einer Gabel mehrmals einstechen und mit Folie bedecken, damit er nicht austrocknet.

6 Die Marzipanrohmasse mit der Butter verkneten und mit Ei, Mehl, Vanillezucker und Salz verrühren. Teig mit der Marzipanmasse bestreichen. Mit den Kirschen belegen und Streusel locker darüber verteilen.

7 Den Kuchen an einem warmen Ort etwa auf doppelte Höhe aufgehen lassen. Im Backofen auf der mittleren Schiene 50 bis 60 Minuten backen. Auf dem Blech 10 Minuten abkühlen lassen, dann herunterschieben, in zwölf Stücke (10 x 10 Zentimeter) schneiden und mit Puderzucker leicht bestäuben.

Kuchen und Gebäck

Der Aprikosenkuchen ist der ideale Kuchen, wenn wenig Zeit vorhanden ist. Zur Not tun es auch einmal Aprikosenhälften oder geviertelte Pfirsiche aus der Dose. Den Tortenguss können Sie mit etwas verrührter Aprikosenmarmelade aromatisieren.

Weich und saftig

Aprikosenkuchen

Für 12 Stücke
etwas Butter für das Blech
etwas Mehl zum Ausstreuen
230 g weiche Butter
280 g Puderzucker
12 g Vanillezucker
1 Prise Jodsalz
abgeriebene Schale von
1/2 unbehandelten Zitrone
5 Eier
400 g Mehl
7 g Backpulver
etwa 80 ml Milch
1 kg Aprikosen
1 Päckchen klarer Tortenguss
20 g geschälte Pistazien

🕐 45 Minuten
50 Minuten Backzeit

1 Ein Backblech mit Butter bestreichen und mit Mehl ausstreuen. Den Backofen auf 170 °C (Umluft 150 °C, Gas Stufe 2) vorheizen.

2 Die Butter mit Puderzucker, Vanillezucker, Jodsalz und Zitronenschale schaumig schlagen. Eier nach und nach unterrühren.

3 Das Mehl mit Backpulver in eine Schüssel sieben und wechselweise mit der Milch unter die Eimischung heben. Den Teig gleichmäßig auf das Blech streichen.

4 Frische Aprikosen waschen, trockentupfen, halbieren und entsteinen. Mit der Schnittfläche nach unten auf den Teig legen.

5 Den Aprikosenkuchen im Backofen bei 170 °C (Umluft 150 °C, Gas Stufe 2) auf der mittleren Schiene etwa 50 Minuten backen. Auf dem Blech abkühlen lassen.

6 Den Tortenguss nach Packungsanweisung zubereiten. Aprikosenkuchen damit dünn bestreichen und erkalten lassen.

7 Die Pistazien grob hacken und locker über den Kuchen streuen. Diesen in zwölf Stücke (10 x 10 Zentimeter) schneiden.

Für Spezialisten

Mohnkuchen

Für 12 Stücke
etwas Butter für das Blech
etwas Mehl zum Ausstreuen
300 g gemahlener Mohn
280 g gemahlene Walnüsse
270 g Butter
80 g Puderzucker
4 cl Rum
10 g Vanillezucker
1 Prise Jodsalz
abgeriebene Schale von
1/2 unbehandelten Zitrone
10 Eier
200 g Zucker
1 EL Puderzucker

🕐 90 Minuten

Mohnkuchen

1 Ein Backblech mit Backpapier belegen, mit Butter bestreichen und mit Mehl ausstreuen. Mohn mit Walnüssen mischen. Butter mit Puderzucker, Rum, Vanillezucker, Jodsalz und Zitronenschale schaumig rühren. Die Eier trennen. Eigelbe nach und nach dazugeben.

2 Eiweiße mit Zucker zu einem geschmeidigen Schnee schlagen. Die Buttermasse locker unterheben und die Mohnmischung nach und nach zugeben.

3 Die Masse auf dem Backblech verteilen und glatt verstreichen. Im Backofen auf der mittleren Schiene bei 160 °C (Umluft 140 °C, Gas Stufe 1–2) 50 bis 60 Minuten backen.

4 Den Mohnkuchen abkühlen lassen, stürzen und das Backpapier abziehen. Den Kuchen leicht mit Puderzucker bestäuben und in zwölf dreieckige Stücke schneiden.

Tipp des Konditors

In die Mohnmasse passen auch Zimt und je 50 Gramm geriebene Schokolade, Zitronat, Orangeat und Rosinen. Die Schnitten noch heiß mit Aprikosenmarmelade bestreichen.

Ein Muss für alle Mohnliebhaber ist dieser Mohnkuchen mit Walnüssen und Rum.

Kuchen und Gebäck

International

Zitronensandkuchen

Der Rührteig für diesen Zitronenkuchen gelingt leicht und ist schnell zubereitet. Er wird besonders feinporig, wenn alle Zutaten Zimmertemperatur haben.

Für 14 Stücke
etwas Butter für die Form
Semmelbrösel zum Ausstreuen
110 g Mehl
4 g Backpulver
100 g Weizenstärke
200 g Butter
4 Eier, 1 Eigelb
200 g Zucker
10 g Vanillezucker
3 cl Zitronensaft
abgeriebene Schale von
1 unbehandelten Zitrone
1 Prise Jodsalz
Glasur:
50 g Aprikosenkonfitüre
100 g Puderzucker
1 TL Zitronensaft
2 cl Cointreau

🕐 45 Minuten
55 Minuten Backzeit

1 Eine Kastenform (30 Zentimeter Länge) mit Butter ausstreichen und mit Semmelbröseln ausstreuen. Mehl, Backpulver und Weizenstärke in eine Schüssel sieben. Butter in einem Topf zerlassen.

2 Eier und Eigelb mit Zucker, Vanillezucker, Zitronensaft und -schale sowie Salz schaumig rühren.

3 Der Eiermasse zuerst die Mehlmischung, dann die geschmolzene Butter unterziehen. Der Teig soll eine leicht fließende Konsistenz haben.

4 Die Masse in die Form füllen und im Backofen bei 220 °C (Umluft 200 °C, Gas Stufe 4–5) auf der zweiten Schiene von unten 10 bis 15 Minuten anbacken, bis sich eine leichte Kruste zeigt.

5 Den Kuchen sehr vorsichtig aus dem Backofen nehmen. Ein Messer in Öl tauchen und mit der Spitze die Kruste der Länge nach in der Mitte einritzen.

6 Den Kuchen bei 180 °C (Umluft 160 °C, Gas Stufe 2–3) und mit einer Gesamtbackzeit von 55 Minuten fertig backen. Noch etwa 15 Minuten in der Form auskühlen lassen, dann aus der Form stürzen und weiter abkühlen lassen.

7 Die Aprikosenkonfitüre erhitzen, durch ein Sieb streichen und mit einem Pinsel die Kuchenoberseite damit dünn bestreichen.

8 Den Puderzucker mit Zitronensaft glatt rühren und mit etwas Cointreau aromatisieren. Mit einem Pinsel dünn auf die Konfitüre auftragen und trocknen lassen.

Tipp des Konditors

Zur Garprobe stechen Sie, bevor Sie den Kuchen aus dem Ofen nehmen, einen Holzspieß oder eine Stricknadel in seine dickste Stelle. Er ist fertig, wenn das Stäbchen trocken bleibt und kein Teig mehr daran klebt.

Gitterapfelkuchen

Gutes für jeden Tag

Gitterapfelkuchen

Für 12 Stücke
200 g Butter, 2 TL Zucker
2 Eigelbe
1 Prise Jodsalz
240 g Mehl
etwas Butter für das Blech
1,5 kg Äpfel
2 EL Zitronensaft
200 g Zucker
100 g gehackte Nüsse oder Mandeln
50 g Rosinen, 2 Eiweiße

45 Minuten
90 Minuten Backzeit

1 Butter und Zucker schaumig rühren, Eigelbe dazugeben, Salz und Mehl einarbeiten. Teig in Folie gewickelt 60 Minuten kühlen.

2 Zwei Drittel des Teigs auf einem gebutterten Backblech ausrollen. Äpfel schälen, vierteln, entkernen und grob raspeln. Mit Zitronensaft, Zucker, Nüssen und Rosinen in wenig Wasser dünsten, abkühlen lassen und auf den Teig geben. Streifen aus dem Restteig als Gitter auflegen und mit Eiweiß bestreichen.

3 Den Kuchen im vorgeheizten Backofen bei 190 °C (Umluft 170 °C, Gas Stufe 3) 45 Minuten backen.

Von dem mit Eiweiß bestrichenen Gitter aus Teigstreifen erhält der Gitterapfelkuchen seinen Namen.

Kuchen und Gebäck

Etwas Besonderes

Möhrenkuchen

Für 12 Stücke

etwas Butter für die Form
Semmelbrösel zum Ausstreuen
250 g kleine Möhren
250 g Zucker
1 Prise Jodsalz
abgeriebene Schale und Saft von 1 unbehandelten Zitrone
6 Eigelbe
6 Eiweiße
300 g ungeschälte, gemahlene Mandeln
100 g Mehl
150 g Aprikosenkonfitüre
150 g Fondant
2–3 EL Puderzucker
60 g gehobelte Mandeln
kleine Marzipanmöhren

⏱ 90 Minuten
60–80 Minuten Backzeit

1 Eine Springform von 24 Zentimeter Durchmesser mit Butter ausstreichen und mit Semmelbröseln ausstreuen. Den Backofen auf 190 °C (Umluft 170 °C, Gas Stufe 3) vorheizen. Die Möhren waschen, putzen, sehr fein reiben und in einem Sieb auspressen.

2 80 Gramm des Zuckers, Salz und Zitronenschale in einer Schüssel mit den Eigelben schaumig rühren. Die Eiweiße mit dem restlichen Zucker zu steifem Schnee schlagen. Ein Drittel davon unter die Eigelbmischung rühren, den Rest unterziehen.

3 Die Mandeln mit Mehl und Möhren mischen, unter die Eimasse ziehen, in die Springform füllen.

4 Möhrenkuchen im Backofen auf der zweiten Schiene von unten 60 bis 80 Minuten backen (Nadelprobe, siehe Tipp Seite 82).

5 Den Kuchen in der Form auskühlen lassen und erst am nächsten Tag aus der Form stürzen, so dass die glatte Unterseite nach oben kommt. Aprikosenkonfitüre erhitzen und durch ein Sieb streichen. Oberfläche und Rand des Kuchens damit bestreichen.

6 Den Fondant mit dem Puderzucker in eine Schüssel geben und mit dem Rührgerät zähflüssig rühren, dabei nach und nach Zitronensaft zufügen. Den Kuchen zusätzlich damit überziehen, sofort in zwölf Stücke schneiden und 1 bis 2 Stunden trocknen lassen.

7 Gehobelte Mandeln in einer beschichteten Pfanne ohne Fettzugabe rösten und den Kuchenrand damit bestreuen. Mit kleinen Möhren aus Marzipan garnieren.

Tipp des Konditors

Für eine exotischere Variante ersetzen Sie die Mandeln durch Erdnüsse, die Aprikosen- durch Orangenkonfitüre und würzen mit Zimt, Nelken und Muskat.

Fondant ist eine Schmelzglasur aus konzentrierter Zuckerlösung, so dick eingekocht, dass am Stiel eines eingetauchten Holzlöffels ein kleiner Zuckerballen bleibt. Er kann mit Zitrone, Rum, Schokolade oder Kaffee aromatisiert werden. Es gibt fertige Fondants zu kaufen.

Einfach köstlich

Butterkuchen

Für 12 Stücke
etwas Butter für das Blech
etwas Mehl zum Bestreuen
Für den Hefeteig:
400 g Mehl
200 ml Milch
50 g Zucker
6 g Vanillezucker
1 Prise Jodsalz
2 Eier
60 g Butter
abgeriebene Schale von 1/4 Zitrone
20 g Hefe
Für den Belag:
300 g weiche Butter
80 g Zucker
1/4 TL Zimt
100 g blättrige Mandeln

🕒 75 Minuten
45 Minuten Ruhezeit

1 Das Backblech mit Butter bestreichen und mit Mehl ausstreuen. Das Mehl für den Teig in eine Schüssel sieben.

2 Die Milch etwas erwärmen, die Hälfte mit Zucker, Vanillezucker, Jodsalz, Eiern, flüssiger Butter und Zitronenschale verrühren. Die Hefe in der zweiten Hälfte der Milch auflösen. Beide Milchmischungen mit dem Mehl zu einem Teig vermengen.

3 Den Teig zu einer Kugel formen, mit einem Tuch bedecken und etwa 15 Minuten ruhen lassen.

4 Den Teig in Blechgröße (ca. 30 x 40 Zentimeter) ausrollen, auf das Backblech legen und mit Klarsichtfolie abdecken, damit er nicht austrocknet.

5 Den Teig an einem warmen Ort zum fast doppelten Volumen 15 bis 30 Minuten aufgehen lassen.

6 Für den Belag Butter schaumig rühren und in einen Spritzbeutel mit kleiner glatter Tülle füllen. Den Backofen auf 220 °C (Umluft 200 °C, Gas Stufe 4–5) vorheizen.

7 Mit zwei Fingern in den Hefeteig in geringen Abständen Vertiefungen fast bis zum Boden eindrücken. Die Butter dort hinein spritzen. Zucker und Zimt vermengen. Zuerst die Mandeln und dann den Zimtzucker locker darüber streuen.

8 Im Backofen auf der mittleren Schiene von unten 20 bis 25 Minuten backen. Der Kuchen muss sehr heiß gebacken werden, damit der Zucker an der Oberfläche karamellisieren kann. Er soll knusprig braun, aber innen schön weich sein.

9 Den Kuchen in zwölf Schnitten von 10 x 10 Zentimeter Größe schneiden.

Mandeln befreit man von ihrer dünnen Haut, indem man sie 2 bis 3 Minuten in kochendem Wasser blanchiert. Sobald die Haut anschwillt, lässt sie sich zwischen Daumen und Zeigefinger abreiben.

Köstlich

Birnenkuchen

Für 12 Stücke

4–5 Williamsbirnen
Saft von 1 Zitrone

Für den Mürbeteig:

250 g Mehl
120 g Butter
90 g Puderzucker
1 Messerspitze Jodsalz
1 Ei

Für die Marzipanmasse:

150 g Butter
150 g Zucker
1 Messerspitze Jodsalz
1 Messerspitze Zimt
1 Messerspitze Nelkenpulver
100 g Marzipanrohmasse
3 Eier
100 g Mehl
100 g Weizenstärke
20 g Kakaopulver
1 Messerspitze Backpulver
2 EL Aprikosenkonfitüre
20 g gehobelte Mandeln

⏱ 75 Minuten
55 Minuten Backzeit

1 Birnen waschen, schälen, halbieren, vom Kernhaus befreien, in dicke Scheiben schneiden und mit etwas Zitronensaft beträufeln.

2 Für den Mürbeteig das Mehl in eine Schüssel sieben. Die Butter klein schneiden und mit Puderzucker und Salz zum Mehl geben. Das Ei zufügen und alles mit den Händen rasch verkneten. Den Teig in Klarsichtfolie wickeln und 1 Stunde im Kühlschrank ruhen lassen.

3 Den Teig dünn ausrollen und den Boden und Rand einer Springform (26 Zentimeter Durchmesser) damit auslegen. Den Teig bei 190 °C (Umluft 170 °C, Gas Stufe 3) 10 Minuten leicht anbacken.

4 In der Zwischenzeit für die Marzipanmasse Butter, Zucker, Jodsalz, Zimt und Nelken schaumig rühren. Marzipanrohmasse mit den Eiern glatt rühren und der Buttermischung beigeben.

5 Mehl, Weizenstärke, Kakao und Backpulver zusammensieben und in die Marzipanmasse rühren.

6 Zwei Drittel davon in die Springform auf den Mürbeteig geben und einige Birnenscheiben einlegen. Die restliche Masse gleichmäßig darauf verteilen und mit den übrigen Birnenscheiben belegen.

7 Im Backofen bei 180 °C (Umluft 160 °C, Gas Stufe 2–3) auf der mittleren Schiene etwa 45 Minuten backen.

8 Die Aprikosenkonfitüre erhitzen, durch ein Sieb streichen und den Kuchen nach dem Abkühlen dünn damit bestreichen.

9 Die gehobelten Mandeln in einer Pfanne ohne Fettzugabe rösten und den Birnenkuchen oben damit bestreuen.

Marzipan besteht aus 5 Prozent Bitter- und 95 Prozent süßen Mandeln, die sehr fein gemahlen, mit der gleichen Menge Zucker gemischt und mit Rosenwasser aromatisiert werden.

Schicht für Schicht ergänzen sich Mürbeteig, Birnen und eine Schaummasse aus Marzipan zu diesem köstlichen Birnenkuchen.

Kuchen und Gebäck

Großmutters Rezept

Rotweinkuchen

Für 12 Stücke
250 g Butter
250 g Zucker
1 Päckchen Vanillezucker
4 Eigelbe
1 TL Kakaopulver
1/8 l Rotwein
4 Eiweiße
250 g Mehl
1 Päckchen Backpulver
100 g Schokoladenblättchen oder geraspelte Blockschokolade

30 Minuten
ca. 50 Minuten Backzeit

Statt Rotwein können Sie für diesen Kuchen auch Portwein verwenden oder ihn zum Teil durch roten Johannisbeersaft ersetzen.

1 Das Backblech mit Backpapier auslegen, den Backofen auf 190 °C (Umluft 170 °C, Gas Stufe 3) vorheizen.

2 Weiche Butter mit 200 Gramm Zucker und Vanillezucker mit einem Quirl schaumig rühren. Nacheinander Eigelbe, Kakao und Rotwein unter ständigem Rühren dazugeben.

3 Eiweiße mit restlichem Zucker zu steifem Schnee schlagen und unter die Eigelbmasse ziehen.

4 Das Mehl mit dem Backpulver darüber sieben und mit einem Kochlöffel unterheben. Zuletzt die Schokolade darunter mengen.

5 Den Teig gleichmäßig auf dem Backblech verstreichen. Im vorgeheizten Backofen auf der mittleren Schiene 45 bis 50 Minuten backen (Nadelprobe, siehe Tipp Seite 82).

6 Den Kuchen 5 Minuten im ausgeschalteten Backofen bei geöffneter Tür stehen lassen, dann auf ein Gitter stürzen.

7 Das Backpapier abziehen. Den Kuchen abkühlen lassen und in zwölf Stücke teilen.

Etwas Besonderes

Weintraubenkuchen

Für 12 Stücke
etwas Butter für das Blech
etwas Mehl zum Ausstreuen
230 g weiche Butter
280 g Puderzucker
12 g Vanillezucker
1 Prise Jodsalz
abgeriebene Schale von 1/2 unbehandelten Zitrone
5 Eier
400 g Mehl, 7 g Backpulver
etwa 80 ml Milch
800 g kernlose Weintrauben
4 EL Puderzucker
Saft von 1 Zitrone

90 Minuten

Weintraubenkuchen

1 Das Blech mit Butter bestreichen und mit Mehl ausstreuen. Den Backofen auf 190 °C (Umluft 170 °C, Gas Stufe 3) vorheizen.

2 Die Butter mit Puderzucker, Vanillezucker, Jodsalz und Zitronenschale schaumig rühren. Eier nach und nach dazugeben.

3 Mehl und Backpulver in eine Schüssel sieben. Mit der Milch wechselweise der Buttermischung unterheben. Die Masse gleichmäßig auf das vorbereitete Blech streichen.

4 Die Weintrauben heiß waschen, trockentupfen und locker auf der Masse verteilen. Den Kuchen im Backofen auf der mittleren Schiene gut 60 Minuten backen.

5 Den Kuchen im geöffneten Backofen abkühlen lassen. Aus Puderzucker und Zitronensaft einen Guss zubereiten und den Kuchen dünn bestreichen. In zwölf Stücke teilen.

Tipp des Konditors

Die fertige Rührteigmasse muss weich sein und schwer reißend vom Löffel fallen. Zu weicher Teig fällt beim Backen zusammen.

Zu diesem Kuchen mit süßen, kernlosen Trauben ist als Begleitung eine Tasse Tee oder Kaffee fast ein Muss.

Kuchen und Gebäck

Ingwer sind die knolligen Wurzelstöcke der gleichnamigen Staudenpflanze. Er ist frisch, getrocknet, als Pulver und eingelegt erhältlich. In China werden die jungen Ingwerwurzeln seit über 2000 Jahren kandiert, was schon Marco Polo entzückte.

Für Genießer

Gewürzkuchen

Für 14 Stücke
etwas Butter für die Kastenform
etwas Mehl zum Ausstreuen
70 g dunkle Kuvertüre
80 g Mehl
40 g Weizenstärke
100 g gemahlene Walnüsse
40 g klein gewürfelter kandierter Ingwer
140 g Butter
50 g Puderzucker
2 cl Kirschwasser
10 g Lebkuchengewürz
10 g Vanillezucker
abgeriebene Schale von 1/2 unbehandelten Orange
1 Prise Jodsalz
6 Eigelbe
6 Eiweiße
120 g Zucker
etwas Zucker für das Backpapier
Für die Glasur:
300 g dunkle Kuvertüre

45 Minuten
ca. 50 Minuten Backzeit

1 Eine Kastenform mit Butter ausstreichen und mit Mehl ausstreuen.

2 Den Backofen auf 180°C (Umluft 160 °C, Gas Stufe 2–3) vorheizen.

3 Die Kuvertüre in kleine Stücke schneiden und im Wasserbad schmelzen.

4 Mehl und Stärke mischen und die Walnüsse und den gewürfelten Ingwer darunter mengen.

5 Die Butter mit geschmolzener Kuvertüre, Puderzucker, Kirschwasser, Lebkuchengewürz, Vanillezucker, Orangenschale und Jodsalz schaumig rühren. Eigelbe nach und nach dazugeben.

6 Eiweiße mit Zucker zu steifem Schnee schlagen und mit der Eigelb-Butter-Masse vermischen. Mehl-Nuss-Mischung unterziehen. Die Masse in die Kastenform füllen und zum Rand hoch streichen. Im Backofen auf der mittleren Schiene 45 bis 50 Minuten backen (Nadelprobe, siehe Tipp Seite 82).

7 Den gebackenen Kuchen in der Form einige Minuten auskühlen lassen. Ein Stück Backpapier locker mit Zucker bestreuen, den Kuchen darauf stürzen und vollständig abkühlen lassen.

8 Für die Glasur die Kuvertüre in Stücke schneiden und schmelzen. Den Kuchen damit überziehen und sofort in 14 Stücke teilen. Die Kuchenstücke in den Kühlschrank legen und die Kuvertüre kurz fest werden lassen.

Ein Winterkuchen

Königskuchen

Für 14 Stücke
Butter für die Form
Mehl zum Bestreuen
120 g Butter, 150 g Zucker
5 Eigelbe
5 Eiweiße
180 g Mehl
150 g klein geschnittene gemischte Trockenfrüchte, z. B. Datteln, Aprikosen, Feigen, Korinthen, Rosinen, Zitronat und Orangeat

45 Stunden
60–75 Minuten Backzeit

1 Eine Kastenform (30 Zentimeter Länge) buttern und mit Mehl ausstreuen. Den Backofen auf 175 °C (Umluft 155 °C, Gas Stufe 2–3) vorheizen.

2 Die Butter mit 50 Gramm Zucker verrühren. Nach und nach Eigelbe darunter mengen. Eiweiße und restlichen Zucker zu steifem Schnee schlagen und unterziehen. Mehl und Trockenfrüchte unterheben.

3 Den Teig in eine Kastenform füllen und im Backofen 60 bis 75 Minuten backen (Nadelprobe, siehe Tipp Seite 82). Den Kuchen auf ein Gitter stürzen und auskühlen lassen.

Der Königskuchen wird seit jeher gern nachmittags als traditionelles Tee- oder Kaffeegebäck gereicht.

Kuchen und Gebäck

Dreiblattkuchen zubereiten

1 Den aufgegangenen Teig in drei Teile teilen und dünn ausrollen.
2 Ein Teigblatt mit Konfitüre bestreichen und mit Nüssen und Zucker bestreuen.
3 Den Kuchen mit einer Schokoladenglasur überziehen.

Ein Sonntagskuchen

Dreiblattkuchen

Für 12 Stücke
450 g Mehl
3/8 l lauwarme Milch
20 g Hefe
60 g Zucker
150 g zerlassene Butter
3 Eigelbe
1 Prise Jodsalz
1 Messerspitze abgeriebene Schale von 1 unbehandelten Zitrone
Butter für das Blech
Für die Füllung:
500 g Konfitüre nach Wahl zum Bestreichen
250 g geriebene Haselnüsse
300 g Zucker
Für die Schokoladenglasur:
200 g Bitterkuvertüre
80 g Puderzucker
1 EL Butter

90 Minuten
60 Minuten Ruhezeit

1 Das Mehl in eine Schüssel sieben und in die Mitte eine Vertiefung drücken. In eine Tasse 3 bis 4 Esslöffel Milch geben und die Hefe mit 2 Teelöffeln Zucker darin auflösen. In die Mehlmulde gießen und mit etwas Mehl vermischen. Die Schüssel mit einem Tuch bedecken und Vorteig an einem warmen Ort 15 Minuten gehen lassen.

2 Die restlichen Zutaten zufügen und alles zusammen kräftig schlagen, bis sich der Teig vom Schüsselrand löst. Erneut zudecken und weitere 25 bis 30 Minuten bis zum doppelten Volumen aufgehen lassen.

3 Den Backofen auf 180 °C (Umluft 160 °C, Gas Stufe 2–3) vorheizen. Den Teig dritteln und jedes Teigstück auf einer bemehlten Arbeitsfläche in Blechgröße (40 x 30 Zentimeter) ausrollen. Das Backblech einfetten.

4 Ein Teigblatt auf das Blech legen, mit der Hälfte der Konfitüre bestreichen und mit der halben Nuss- und Zuckermenge bestreuen.

5 Das zweite Teigblatt darüber legen, wieder bestreichen und bestreuen und mit dem letzten Teigblatt abschließen. Das Ganze nochmals 15 Minuten gehen lassen.

6 Den Teig im Backofen auf der mittleren Schiene 45 bis 50 Minuten backen. Kuchen herausnehmen und abkühlen lassen.

7 Für die Glasur Kuvertüre mit 2 Esslöffeln Wasser unter Rühren in einem kleinen Topf schmelzen. Weitere 2 Esslöffel Wasser, Puderzucker und Butter dazugeben und unter Rühren einige Minuten schwach kochen lassen.

8 Vom Herd nehmen, unter Rühren abkühlen und die Oberfläche des Kuchens damit überziehen. Trocknen lassen. Den Dreiblattkuchen in zwölf Quadrate von 10 x 10 Zentimeter Kantenlänge schneiden.

Rezeptregister

Apfelkrapfen, gebackene 68
Apfelstrudel 16
Aprikosenkuchen 80
Ausgezogene Hefekrapfen 73

Birnenkuchen 86
Böhmische Kreppchen 48
Böhmische Rumkringel 64
Buchteln mit Kirschsauce 32
Butterkuchen 85

Dampfnudeln 34
Dörrobsttaschen 54
Dreiblattkuchen 92

Eierpfannkuchen mit
 Preiselbeeren 42
Erdbeerstrudel 18

Faschingskrapfen 72
Fruchtkompott 42

Gebackene Apfelkrapfen 68
Gebackene Schupfnudeln 63
Germknödel mit Mohn 36
Gewürzkuchen 90
Gitterapfelkuchen 83
Grießauflauf mit Früchten 56

Hefegugelhupf 76
Hefekrapfen, ausgezogene 73
Heidelbeerstrudel 25
Himbeerstrudel 17
Honigstrudel 20

Kaiseromelett 44
Kaiserschmarrn 46
Kirschschmarrn 46
Königskuchen 91
Kreppchen, böhmische 48

Marillenknödel 38
Milchrahmstrudel 24

Mohnkuchen 80
Mohr im Hemd 50
Möhrenkuchen 84

Nudelauflauf mit Quark und
 Aprikosen 56
Nussauflauf 58
Nusskuchen 77

Orangenomelett 41
Pfirsichstrudel 28

Powidltascherl 43

Reisauflauf mit Kirschen 59
Rhabarberstrudel 19
Rohrnudeln 33
Rosinenkrapfen 70
Rotweinkuchen 88
Rumkringel, böhmische 64

Salzburger Nockerl 37
Scheiterhaufen mit Äpfeln 52
Schmalzbrezeln in Zimtzucker 67
Schneebälle 66
Schokoladenstrudel 28
Schupfnudeln, gebackene 63
Schürzkuchen 62
Spritzkuchen 68
Streuselkuchen mit Kirschen 78
Strudelteig (Grundrezept) 16

Topfenauflauf 48
Topfenpalatschinken 40

Waldbeerenstrudel 22
Walnusspudding 50
Weinbrandkissen 70
Weintraubenkuchen 88
Weintraubenstrudel 26

Zitronensandkuchen 82
Zwetschenknödel 38
Zwetschenstrudel 22
Zwetschenpavesen 55

Sachregister

Anis 13

Backpulver 11
Butter 10
Butterschmalz 10, 71

Eier 8

Fondant 84
Frittiertemperatur 66

Gewichtsklassen 8
Gewürze 13

Hefe 11, 73
Hirschhornsalz 11
Honig 8, 20

Ingwer 3, 90

Lagerung 9
Lockerungs- und Backtrieb-
 mittel 11

Mandeln enthäuten 85
Marzipan 86
Mehl 7
Milch und Milchprodukte 9
Mohn 12, 36
Muskat 13

Nadelprobe 82
Nelken 13
Nüsse 12, 58

Powidl 43

Rosinen 12

Slibowitz 25
Speisestärke 7
Strudelteig, Fertigteig 29

Vanille 13

Weichseln 59

Zimt 13, 67
Zucker 7

Über dieses Buch

Der Autor
Armin Roßmeier ist diätetisch geschulter Koch DGE, Konditor und Küchenmeister sowie Prüfungsvorsitzender der IHK für München und Oberbayern für gastgewerbliche Berufe. Die Fernsehzuschauer kennen ihn von seinen Sendungen in ZDF und SAT.1. Darüber hinaus ist Armin Roßmeier verantwortlicher Redakteur und Ernährungsexperte von ANTENNE BAYERN. Neben zahlreichen gastronomischen Auszeichnungen erhielt er dreimal in Folge den Journalistenpreis der Deutschen Gesellschaft für Ernährung (DGE) für gesunde, zeitgemäße Ernährungsformen.
Er ist Autor von über 60 Büchern zu Ernährungsthemen. Im Südwest Verlag sind von ihm z. B. »Das große Buch der Leichten Küche«, »Cholesterin«, »Sauerkraut«, »Das ZDF Fernsehgarten Kochbuch« und »Kochen kinderleicht« erschienen.

Die Fotografin
Ute Schoenenburg ist seit 1996 als freie Bildredakteurin in München tätig. Als Foodstylistin arbeitete sie ab 1997 hauptsächlich mit dem Fotografen Christian Kargl zusammen und begann 1999 mit eigenen Projekten als Fotografin, überwiegend im Food- und Stilllife-Bereich.

Bildnachweis
Alle Fotos stammen von Ute Schoenenburg, München, mit Ausnahme von: Berchtesgadener Milchwerke, Piding: 9, 10, 42, 46; Mewes, Kai, München: Titel; Rees, Peter, Köln: 16, 62, 66, 92; Kargl, Christian, München: 68, 70; Freisteller: Südwest Verlagsarchiv

Hinweis
Das vorliegende Buch ist sorgfältig erarbeitet worden. Dennoch erfolgen alle Angaben ohne Gewähr. Weder Autor noch Verlag können für eventuelle Nachteile oder Schäden, die aus den im Buch gemachten praktischen Hinweisen resultieren, eine Haftung übernehmen.

Dank
Wir bedanken uns bei den Milchwerken Berchtesgadener Land für die freundliche Unterstützung.

Impressum
Der Südwest Verlag ist ein Unternehmen der Verlagshaus Goethestraße GmbH & Co. KG.
© 1999 Verlagshaus Goethestraße GmbH & Co. KG, München

Alle Rechte vorbehalten.
Nachdruck – auch auszugsweise – nur mit Genehmigung des Verlags.

Lektorat: Brunhilde Thauer, Regine Romatka
Redaktionsleitung: Michaela Röhrl
Projektleitung: Susanne Kirstein
Texte/Ernährungswissenschaftliche Betreuung: Infothek Ernährung, München – Franz Eyerer, Konditormeister; Walter A. Drößler
Bildredaktion: Beate Wagner
Food-Fotografie: Ute Schoenenburg
Umschlagbild: Kai Mewes
Produktion: Manfred Metzger (Ltg.), Annette Aatz, Dr. Erika Weigele-Ismael
Umschlag und Layout: Manuela Hutschenreiter
DTP: Maren Scherer

Printed in Italy

Gedruckt auf chlor- und säurearmem Papier
ISBN 3-517-06056-9